L'EXPOSÉ VALENTINIEN
LES FRAGMENTS SUR LE BAPTÊME
ET SUR L'EUCHARISTIE

(NH XI, 2)

BIBLIOTHÈQUE COPTE DE NAG HAMMADI

Collection éditée par

Jacques É. MÉNARD — Paul-Hubert POIRIER
Michel ROBERGE

En collaboration avec
BERNARD BARC — PAUL CLAUDE
JEAN-PIERRE MAHÉ — LOUIS PAINCHAUD
ANNE PASQUIER

Section « Textes »

1. – *La Lettre de Pierre à Philippe*, Jacques É. MÉNARD, 1977.

2. – *L'Authentikos Logos*, Jacques É. MÉNARD, 1977.

3. – *Hermès en Haute-Égypte* (t. I), Les textes hermétiques de Nag Hammadi et leurs parallèles grecs et latins, Jean-Pierre MAHÉ, 1978.

4. – *La Prôtennoia Trimorphe*, Yvonne JANSSENS, 1978.

5. – *L'Hypostase des Archontes*, Traité gnostique sur l'origine de l'Homme, du Monde et des Archontes, Bernard BARC, suivi de *Noréa*, Michel ROBERGE, 1980.

6. – *Le Deuxième Traité du Grand Seth*, Louis PAINCHAUD, 1982.

7. – *Hermès en Haute-Égypte* (t. II), Le fragment du *Discours parfait* et les *Définitions* hermétiques arméniennes, Jean-Pierre MAHÉ, 1982.

8. – *Les Trois Stèles de Seth*, Hymne gnostique à la Triade, Paul CLAUDE, 1983.

9. – *L'Exégèse de l'Âme*, Jean-Marie SEVRIN, 1983.

10. – *L'Évangile selon Marie*, Anne PASQUIER, 1983.

11. – *Les Sentences de Sextus*, Paul-Hubert POIRIER, suivi du *Fragment de la République de Platon*, Louis PAINCHAUD, 1983.

12. – *Le Traité sur la Résurrection*, Jacques É. MÉNARD, 1983.

13. – *Les Leçons de Silvanos*, Yvonne JANSSENS, 1983.

14. – *L'Exposé valentinien. Les Fragments sur le baptême et sur l'eucharistie*, Jacques É. MÉNARD, 1985.

Section « Études »

1. – *Colloque international sur les textes de Nag Hammadi* (Québec, 22-25 août 1978), Bernard BARC, éditeur, 1981.

BIBLIOTHÈQUE COPTE DE NAG HAMMADI

SECTION «TEXTES»

— 14 —

L'EXPOSÉ VALENTINIEN
LES FRAGMENTS SUR LE BAPTÊME
ET SUR L'EUCHARISTIE

(NH XI, 2)

TEXTE ÉTABLI ET PRÉSENTÉ

PAR

Jacques É. MÉNARD

LES PRESSES
DE L'UNIVERSITÉ LAVAL
QUÉBEC, CANADA
1985

Meinen Adoptiveltern
Paul und Eleonore Haag
in Liebe und Dankbarkeit
gewidmet

Cet ouvrage a été publié grâce à une subvention du
Conseil de recherches en sciences humaines du Canada,
accordée dans le cadre de son programme d'aide aux
grands travaux d'édition.

BIBLIOGRAPHIE

ALLBERRY (C.-R.-C.), *A Manichaean Psalmbook*, Part II (*Manichaean Manuscripts in the Chester Beatty Collection*, II), Stuttgart, 1938.

BARC (B.), *L'Hypostase des Archontes* (*BCNH*, Section «Textes», 5), Québec/ Louvain, 1980.

BONNET (M.), LIPSIUS (R.-A.), *Acta Apostolorum Apocrypha*, I, II (1-2), Hildesheim, 1959 (ré-impression).

DUBOIS (J.-D.), «Le contexte judaïque du 'Nom' dans l'Évangile de Vérité», *RThPh* 24 (1974) 198-216.

EMMEL (S.), «Unique Photographic Evidence for Nag Hammadi Texts», *BASP* 16,4 (1979) 263-275.

FOERSTER (W.), *Die Gnosis*, I: *Zeugnisse der Kirchenväter* (*Die Bibliothek der alten Welt*), Zurich/Stuttgart, 1969 (Nous adoptons la numérotation des Fragments d'Héracléon de cet auteur).

HOLL (K.), *Epiphanius* (*Ancoratus und Panarion*), I, (*GCS*, 25), Leipzig, 1915; II (*GCS*, 31), Leipzig, 1922.

JOLY (P.), *Hermas. Le Pasteur* (*SC*, 53 bis), Paris, 1968.

KASSER (R.), MALININE (M.), PUECH (H.-Ch.), QUISPEL (G.), ZANDEE (J.), VYCICHL (W.), WILSON (R. McL.), *Tractatus Tripartitus*, Codex Jung F. XXVI^r-LXX^v (p. 51-140), I-III (*De Supernis, De creatione hominis. De generibus tribus*), *Oratio Pauli Apostoli*, Codex Jung F. LXXII(?) (p. 143?- 144?), *Evangelium Veritatis*. Supplementum photographicum, Berne, 1973- 1975.

KOSCHORKE (K.), *Die Polemik der Gnostiker gegen das kirchliche Christentum.* Unter besonderer Berücksichtigung der Nag Hammadi Traktate «Apokalypse des Petrus» (NHC VII, 3) und «Testimonium Veritatis (NHC IX, 3) (*NHS*, 12), Leiden, 1978.

MÉNARD (J. É.), «Les élucubrations de l'Evangelium Veritatis sur le 'Nom'», *SMR* 5 (1962) 185-214.

—, *L'Évangile de Vérité.* Rétroversion grecque et commentaire, Paris, 1962.

—, *L'Évangile selon Philippe.* Introduction, texte, traduction, commentaire, Paris, 1967.

—, *L'Évangile de Vérité* (*NHS*, 2), Leiden, 1972.

—, «Littérature apocalyptique juive et littérature gnostique», in J. E. MÉNARD (éd.), *Exégèse biblique et judaïsme*, Strasbourg, 1973, p. 146-169.

—, *L'Évangile selon Thomas* (NHS, 5), Leiden, 1975.

—, «La gnose à l'époque du syncrétisme gréco-romain» in *Mystères et syncrétismes* (*Études d'Histoire des Religions*, 2), Paris, 1977, p. 95-113.

—, *L'Authentikos Logos* (*BCNH*, Section «Textes», 2), Québec, 1977.

—, «Beziehungen des Philippus – und des Thomas – Evangeliums zur syrischen Welt», in K.-W. TRÖGER (éd.), *Altes Testament – Frühjudentum – Gnosis.* Neue Studien zu «Gnosis und Bibel», Berlin, 1980, p. 317-326.

—, «Normative Self-Definition in Gnosticism», in E. P. SANDERS (éd.), *Jewish and Christian Self-Definition*, Londres, 1980, p. 134-150. 238-240.

—, «Les repas 'sacrés' des gnostiques», *RevScRel* 55 (1981) 43-51.

—, *Le traité sur la Résurrection* (*BCNH*, Section «Textes», 12), Québec, 1983.
MÜLLER (F.-W.-K.), *Handschriften-Reste in Estrangelo-Schrift aus Turfan, Chinesisch-Turkestan*, II (*APAW*), Berlin, 1904.
PETERSON (E.), «Einige Bemerkungen zum Hamburger Papyrus-Fragment der Acta Pauli», *VC* 3 (1949) 142-162.
PREUSCHEN (E.), *Origène. Commentaire de Jean* (*GCS*, 10), Leipzig, 1903.
QUISPEL (G.), *Ptolémée. Lettre à Flora* (*SC*, 24 bis), Paris, 1966².
ROBINSON (J. M.) (éd.), *The Nag Hammadi Library in English*. Translated by Members of the Coptic Gnostic Library Project of the Institute for Antiquity and Christianity, New York/Hagerstown/San Francisco/Londres, 1977.
ROUSSEAU (A.), DOUTRELEAU (L.), HEMMERDINGER (B.), MERCIER (Ch.), *Irénée. Contre les hérésies*, I-V (*SC*, 100, 152-153, 210-211, 263-264, 293-294), Paris, 1965-1982.
SAGNARD (F. M. M.), *La gnose valentinienne et le témoignage de saint Irénée* (*Études de philosophie médiévale*, 36), Paris, 1947.
—, *Clément d'Alexandrie. Extraits de Théodote* (*SC*, 23), Paris, 1970 (réimpression).
SANDRÉ (C.), «Note de paléographie copte (à propos des manuscrits de Nag Hammadi)», *ZPE* 27 (1977) 179-180.
SCOPELLO (M.), «Le Temple et son Grand Prêtre dans les Enseignements de Silvanos (Nag Hammadi VII, 4)», in J. É. MÉNARD (éd.), *Écritures et traditions dans la littérature copte* (*Cahiers de la Bibliothèque Copte*, 1), Louvain, 1984, p. 145-152.
SIEGERT (F.), *Nag-Hammadi Register*. Wörterbuch zur Erfassung der Begriffe in den Koptisch-gnostischen Schriften von Nag Hammadi (*WUNT*, 26), Tübingen, 1982.
STÄHLIN (O.), FRÜCHTEL (L.), *Clément d'Alexandrie. Stromates* (*GCS*, 3, 12, 15, 17), Berlin/Leipzig, 1909-1960.
WENDLAND (P.), *Hippolytus Werke. Refutatio omnium haeresium* (*Elenchos*) (*GCS*, 26), Leipzig, 1916.

ABRÉVIATIONS

APAW	=	Abhandlungen der Preussischen Akademie der Wissenschaften
BCNH	=	Bibliothèque copte de Nag Hammadi
GCS	=	Griechische Christliche Schriftsteller
NHS	=	Nag Hammadi Studies
RevScRel	=	Revue des Sciences Religieuses
RThPh	=	Revue de Théologie et de Philosophie
SC	=	Sources Chrétiennes
SMR	=	Studia Montis Regii
VC	=	Vigiliae Christianae
WUNT	=	Wissenschaftliche Untersuchungen zum Neuen Testament
ZPE	=	Zeitschrift für Papyrologie und Epigraphik

INTRODUCTION

Le texte de l'ExpVal du Codex XI mesure 16 cm de haut par 11 cm de large. Ses lignes sont d'inégale longueur pouvant atteindre jusqu'à quelque 25 lettres et n'allant pas en-deçà de 16 lettres. Il est le deuxième traité du Codex XI et il compte 18 pages; avec les feuillets sur le baptême et l'eucharistie, l'ensemble fait 23 pages de 37 à 39 lignes. Le Codex lui-même porte le numéro d'inventaire 10547 au Musée Copte du Vieux Caire. Le présent texte y fut collationné en octobre-novembre 1982 par Monsieur Jean-Marc Rosenstiehl, chargé de recherche au Centre National de la Recherche Scientifique française, que nous tenons ici à remercier le plus vivement. Nous suivons, à quelques exceptions près, la numérotation des lignes d'après J. D. Turner et F. Siegert[1]. Vu l'état lacuneux du texte, il est parfois hasardeux ou hypothétique d'en faire un commentaire thématique; aussi faut-il nous résigner à un commentaire des termes dans bon nombre de cas. L'Exposé est sans aucun doute valentinien. Il décrit un Plérome où l'on retrouve bien des Éons des différents systèmes valentiniens connus des hérésiologues et d'autres écrits valentiniens de Nag Hammadi, et, en particulier, le mythe de la Sophia qui, après sa chute, aidera Jésus à façonner des êtres spirituels ou appelés à le devenir (p. 31, 37; 33, 35; 35, 10. 12. 16; 39, 11. 14. [19]. 21. 24. 28. 32). Les traités du baptême et de l'eucharistie présentent des traits gnostiques et sont à remettre dans le contexte de l'ExpVal.

A. ÉCRITURE ET LANGUE DES TRAITÉS DES P. 22-44

L'onciale penchée de leur écriture est unique dans les treize codex de la Bibliothèque de Chenoboskia en dehors du *Traité sur la Résurrection* (Rheg) du Codex I (p. 43,25-50,18)[2] et de l'*Interprétation de la Gnose* (InterpGn) (p. 1,1-21,35) du même Codex XI. Cette onciale penchée aussi nettement vers la droite est rare en copte, et de nombreuses attestations dans les papyrus et les manuscrits grecs de ce type d'écriture

---

[1] Cf. J. M. ROBINSON (éd.), *The Nag Hammadi Library in English*. Translated by Members of the Coptic Gnostic Library Project of the Institute for Antiquity and Christianity, New York/Hagerstown/San Francisco/Londres, 1977; F. SIEGERT, *Nag Hammadi Register*, Wörterbuch zur Erfassung der Begriffe in den koptisch-gnostischen Schriften von Nag Hammadi (*WUNT*, 26), Tübingen, 1982.

[2] Cf. J. É. MÉNARD, *Le Traité sur la Résurrection* (*BCNH*, Section «Textes», 12), Québec, 1983.

montrent des particularités de forme que l'on retrouve chez notre scribe. On peut citer le cas d'un manuscrit de la Smithsonian Institution de Washington et d'un fragment inédit de Florence. Or, ces particularités dominent dans l'écriture de l'école d'Oxyrhynque[3]. Le texte copte remonterait au IIIe siècle et l'original remonterait de toute façon au IIe siècle de notre ère, sans doute à une période antérieure à l'âge d'or du valentinisme (fin du IIe siècle) où aux hésitations et confusions des débuts auront succédé les systématisations.

Le dialecte de l'ExpVal et des Fragments qui l'accompagnent est du subakhmîmique où se mêle toutefois du sahidique. Voici quelques exemples puisés à notre Index. Le sahidique classique est entre parenthèses :

(ⲀⲘⲀϨⲦⲈ) ⲈⲘⲀϨⲦⲈ entourer

(ⲀⲚⲞⲔ) ⲚⲦⲀⲔ, ⲚⲦⲀϤ, ⲀⲚⲀⲚ toi, lui, nous

ⲂⲰⲔ ⲀⲂⲀⲖ ϨⲚ(Ⲛ), ⲀϨⲞⲨⲚ Ⲁ-, ⲘⲘⲀ⸗, ⲀⲂⲀⲖ ϨⲚ à l'extérieur de, de

(ⲈⲚⲈϨ) ϢⲀ ⲀⲚⲎϨⲈ, ⲀⲚⲚⲎϨⲈ pour toujours

(ⲈⲞⲞⲨ) ⲈⲀⲨ, ϯ ⲈⲀⲨ gloire, glorifier

ⲈⲒ, Ⲓ, ⲈⲒ ⲀⲂⲀⲖ, ⲈⲒ ⲀⲂⲀⲖ ϨⲚ-, ⲈⲒ ⲀⲠⲒⲦⲚ, ⲈⲒ ⲀϨⲢⲀⲒ, ⲈⲒ ⲀϨⲞⲨⲚ Ⲁ-, ⲈⲒ
    ⲈϨⲎⲦ venir, sortir, sortir de, descendre, pénétrer, entrer

ⲈⲒⲠⲈ, Ⲣ-, ⲞⲈⲒ[†] faire, être

ⲈⲒⲰⲦ, ⲒⲰⲦ père

(ⲔⲰ) ⲔⲰⲈ abandonner

(ⲘⲈ) ⲘⲀⲈⲒⲈ amour

(ⲘⲈ) ⲘⲎⲈ, ⲚⲀⲘⲈ vérité, en vérité

ⲘⲈⲈⲨⲈ, ⲘⲈⲨⲈ penser, pensée

ⲘⲞⲨⲞⲨⲦ tuer

(ⲘⲞⲞϢⲈ) ⲘⲀϨⲈ marcher

(ⲚⲞⲂⲈ) ⲚⲀⲂⲒ péché

ⲚⲀⲨ, ⲚⲈⲨ Ⲉ- regarder, voir

(ⲚⲞϬ) ⲚⲀϬ grand

(ⲢⲰⲘⲈ) ⲢⲈϤ⸗, ⲢⲈⲤ⸗

(ⲢⲞⲘⲠⲈ) ⲢⲀⲘⲠⲈ année

(ⲢⲀⲦ) ⲀⲦⲚ(ⲈⲒⲚⲈ) ⲢⲈⲦ⸗, ⲀⲦϬⲚ ⲢⲈⲦ⸗ insondable

(ⲢⲀϢⲈ) ⲢⲈϢⲈ joie

(ⲤⲞⲚ) ⲤⲀⲚ, pl. ⲤⲚⲎⲨ frère

(ⲤⲚⲀⲨ) ⲤⲚⲦⲈ, ⲘⲀϨⲤⲚⲈⲨ, ⲘⲀϨⲤⲚⲦⲈ, ⲘⲠⲈⲤⲚⲈⲨ deux, deuxième,
    tous les deux

---

[3] Cf. C. SANDRÉ, «Note de paléographie copte (à propos des manuscrits de Nag Hammadi)», *ZPE* 27 (1977) 179-180.

(ⲤⲦⲞⲒ) (ⲤϯⲚⲞⲨϤⲈ) ⲤϯⲤⲚⲞⲨⲂⲈ   odeur

(ⲤⲰⲦⲠ) ⲤⲀⲦⲠ†   supérieur

(ⲤⲒⲞⲞⲨⲚ) ⲤⲈⲒⲀⲨⲚⲈ   bain

(ⲤⲞⲞⲨⲚ) ⲤⲞⲨⲰⲚ⸗, ⲤⲞⲨⲰⲰⲚ⸗   savoir, connaître

(ⲤⲞⲈⲒⳗ) ⲤⲀⲈⲒⳗ   syzygie, parèdre

(ⲤⳞⲀⲒ) ⲤⳞⲈⲈⲒ   écrire

(ϯ) ⲦⲈⲈⲒⲦ⸗ Ⲛ-, (Ⲧⲱ†) ⲈⲤⲦⲱ† (ou ἔστω), ϯ ⲀⲂⲀⲖ   donner à, vue que, apporter

(ⲦⲂⲂⲞ) ⲦⲞⲨⲂⲞ   être pur, pureté

(ⲦⲀⲔⲞ) ⲘⲚⲦⲀⲦⲦⲈⲔⲞ   incorruptibilité

(ⲦⲞⲚⲦⲚ) ⲦⲀⲚⲦⲚ, ⲦⲚⲦⲀⲚⲦ†, ⲦⲀⲚⲦⲚ Ⲁ-, ⲦⲀⲚⲦⲚ   imiter, ressembler à, ressemblance

(ⲦⲀ(Ⲟ)ⲨⲞ) ⲦⲈⲨⲞ, ⲦⲈⲨⲞ ⲀⲂⲀⲖ, ⲢⲈϤⲦⲈⲨⲞ   profiter, proclamer, produire, envoyer, émettre, celui qui projette

ⲦⲀⳜⲢⲞ, ⲢⲈϤⲦⲀⳜⲢⲞ, ⲢⲈⲤⲦⲀⳜⲢⲞ   confirmation, qui confirme

(ⲞⲨⲀ) ⲞⲨⲈⲈⲒ   un, quelqu'un

(ⲞⲨⲀⲀ⸗) ⲞⲨⲀⲈⲈⲦ⸗   même, seul

(ⲞⲨⲞⲚ) ⲞⲨⲀⲚ ⲚⲒⲘ   quiconque

(ⲞⲨⲚⲀⲘ) ⲞⲨⲚⲈⲘ   droite

ⲞⲨⲰⲚⳞ, ⲞⲨⲀⲚⳞ⸗, ⲞⲨⲰⲚⳞ Ⲛ-, ⲞⲨⲰⲚⳞ ⲀⲂⲀⲖ   révéler, se révéler à, révélation

(ⲞⲨⲞⲠ) ⲞⲨⲀⲀⲂ†, ⲞⲨⲀⲀϤ†   être saint

(ⲞⲨⲞⲈⲒⳗ) ⲞⲨⲀⲈⲒⳗ, ⲚⲞⲨⲀⲈⲒⳗ ⲚⲒⲘ, ⲚⲞⲨⲀⲈⲒⲚⳗ ⲚⲒⲘ   temps, instant, à tout instant

(ⲞⲨⲰⳗ) ⲞⲨⲰⳗⲈ, ⲞⲨⲀⳗ- (ou ⲞⲨⲀⳗ⸗), ⲞⲨⲰⳗⲈ   vouloir, intention, volonté

ⲰⲚⳞ, ⲰⲰⲚⳞ   vie

(ⲰⲢⳜ) ⲀⲢⳜ⸗ ⲀⲂⲀⲖ, ⳞⲚ ⲞⲨⲰⲢⳜ   confirmer, fixer, avec assiduité, avec diligence

(ⳗ) ⲈⲈⲒⳗ   pouvoir

(ⳗⲒⲂⲈ) ⳗϤⲈⲒⲈ, ⲀⲦⳗϤⲈⲒⲈ   changer, sans changement

ⳗⲰⲠ, ⳗⲀⲠ⸗, ⲀⲦⳗⲀⲠ⸗   endurer, recevoir, subir, insaisissable

(ⳗⲰⲢⲠ) ⳗⲢⲠ-, ⳗⲢⲠ Ⲛ-, ⳗⲀⲢⲠ, ⳗⲀⲀⲢⲠ, ⳗⲢⲠ Ⲛ-, ⳗⲀⲢⲠ, ⳜⲒⲚⲚ ⳗⲀⲢⲠ   auparavant, en premier, avant, premier, pro-, pré, primordial, d'abord, depuis le début

(ⳗⲰⲰⲦ) ⳗⲀⲀⲦ⸗ ⲀⲂⲀⳞ ⳞⲚ   se priver de

(ⳗⲀⳜⲈ) ⳗⲈⳜⲈ, ⳗⲈⳜⲈ Ⲁ-, ⳗⲈⳜⲈ ⲘⲚ, ⳗⲈⳜⲈ, ⲀⲦⳗⲈⳜⲈ   parler, dire, dire au sujet de, parler avec, parole, ineffable

(ⳞⲰⲂ) ⳞⲰϤ   œuvrer

(ⳞⲘⲞⲦ) ⳗⲰⲠ ⳞⲘⲀⲦ Ⲛ-   rendre grâces à

(ϩⲱⲡ) ϩⲁⲡ⸗ ⲁ- se cacher de
(ϩⲏⲧ) ⲣ ϩⲧⲏ⸗ regretter
(ϩⲟⲟⲩⲧ) ϩⲁⲩⲧ mâle
(ϫⲉⲕⲁⲁⲥ) ϫⲉⲕⲁⲥⲉ afin que
ϫⲡⲟ, ϫⲡⲁ⸗, ϫⲡⲟ ⲛ-, ⲁⲧϫⲡⲁ⸗, ⲣⲉⲥϫⲡⲉ engendrer, acquérir, in-engendré, génératrice
(ϫⲟⲉⲓⲥ) ϫⲁⲉⲓⲥ seigneur
(ϫⲓⲥⲉ) ϫⲁⲥⲓ† ⲉ- être supérieur à
(ϭⲗⲟⲙⲗⲙ) ϭⲗⲁⲗⲁⲙ confusion
(ϭⲟⲙ) ϭⲁⲙ, ϣϭⲛϭⲁⲙ pouvoir, puissance.

Le présent 2 devient facilement un présent 1 chez notre auteur. Celui-ci fait alterner entre substantifs le ⲁⲩⲱ et le ⲙⲛ. Après le ⲟⲩⲛⲧⲉϥ, il emploie le ⲃ au lieu du ϥ (p. 22,34). Le ⲁϩ et le ⲛⲧⲁϩ subakhmîmiques sont souvent substitués au ⲁϥ, ⲛⲧⲁ sahidiques. La phrase nominale est employée de sorte que le temps second qui suit conserve toute sa valeur emphatique (p. 23,21-22). L'infinitif est à maintes reprises introduit par un ⲛ. Certains verbes comme ⲁ]ⲅⲁⲡⲟⲧⲁⲥⲧⲁⲓ sont inconnus des dictionnaires (p. 27,29). La relative est parfois sans verbe (p. 35,32-33). Notre auteur aime aussi l'inversion (p. 35,35-36). Le sujet substantif est en quelques endroits suivi du morphème pronominal du verbe (ainsi p. 37,13.20). Les articles indéfinis pluriels ϩⲛ se transforment en ϩⲙ devant le ⲡ (p. 37,25), alors que le ⲛ défini pluriel demeure tel quel (p. 38,32). Le ϫⲉ causal est parfois accompagné de ⲅⲁⲣ (p. 38,25-26). Le ϩⲟⲧⲁⲛ est suivi du conditionnel avec son morphème copte (p. 39,27-28; 44,31-32).

B. La doctrine de l'ExpVal

La doctrine du traité pourrait se présenter de la manière suivante. L'Être suprême est le Père (p. 22) qui, dans la tranquillité et le silence, domine le Tout des syzygies célestes qu'il a engendrées par son *Noûs*; il est la Racine de cette Monade. Cette Monade est divisée en 360 Éons selon le comput de l'année lunaire, et c'est en elle que le Père du Tout se révèle grâce à son *Noûs* (p. 23). Si le Père Ineffable se révèle au Tout, il se révèle également ici-bas aux parfaits dans le Fils ou le *Noûs*, qui descend dans le lieu inférieur (p. 23,25; 24,25) du monde de l'Au-delà où s'est d'abord joué le destin de l'âme et de l'homme identifié à celui de Sophia. Venu de la Monade et se répandant dans la Dyade et la double tétrade (p. 22-23 et 29?), ce *Noûs* est la confirmation et la substance du Tout, le

Grand-Prêtre (p. 25,33) qui révèle à l'intérieur du voile[4], — la limite qui sépare le monde céleste du monde terrestre ou encore l'Abîme des Éons (p. 27,38; 28,20-21) — la gloire des Éons et la plénitude de l'Odeur céleste[5] (p. 25). Le *Noûs* — révélateur ou didascale — possède quatre puissances (p. 26,31-34): une puissance de séparation, une autre de confirmation, une troisième de formation et une quatrième d'engendrement de substance (cf. p. 27,30-38). Aussi faut-il rechercher les Écritures et ceux qui se livrent à la didascalie, ceux qui proclament les idées (p. 28,30-33).

Les quatre grands Éons qui composent la seconde Tétrade émanant de la première Tétrade (p. 29,25-37) sont le Logos, la Vie, l'Homme et l'Église. L'Homme et l'Église sont évidemment la réunion des élus dans l'Ἄνθρωπος[6]. Et la première et la seconde Tétrade font émaner d'elles-mêmes des douze et des trente, de sorte que l'année de la fécondité parfaite, dont un reste ici-bas est l'année lunaire, est faite de 360 Éons (p. 30,25-37). Mais un de ces Éons, le 30ᵉ, a voulu produire en dehors du contexte des syzygies, celle de l'Homme et de l'Église, un monde supérieur (p. 31,35-38), et c'est ainsi qu'advint la chute de la Sophia, qui entra dans les souffrances d'ici-bas dont elle ne put être délivrée que par son parèdre, le Logos Christ-Jésus descendu vers elle, vu qu'elle était maintenant empêchée de remonter au Plérôme par la Croix qui est la Limite séparant le monde inférieur du monde supérieur (p. 32-33)[7]. Telle

---

[4] Le Grand-Prêtre et le voile du Temple qui sépare le Saint des Saints des deux autres parties sont également employés comme symboles du parfait et du lieu de perfection dans l'*Évangile selon Philippe* (EvPhil) (cf. p. 69,21. 35-36; 70,1-2; 84,23. 25-26; 85,4-5 et commentaire de J. É. MÉNARD, *L'Évangile selon Philippe*. Introduction, texte, traduction, commentaire, Paris, 1967, p. 195-196. 242-244). Cette division du Temple en trois parties est celle des églises syriaques, cf. J. É. MÉNARD, «Beziehungen des Philippus – und des Thomas – Evangeliums zur syrischen Welt», in K. W. TRÖGER (éd.), *Altes Testament-Frühjudentum-Gnosis. Neue Studien zu «Gnosis und Bibel»*, Berlin, 1980, p. 319, note 10; aussi M. SCOPELLO, «Le Temple et son Grand Prêtre dans les Enseignements de Silvanos», in J. É. MÉNARD (éd.), *Écritures et traditions dans la littérature copte* (*Cahiers de la Bibliothèque copte*, 1), Louvain, 1984, p. 145-152.

[5] L'odeur est celle du Plérôme, des Éons qui sont l'odeur du Père, cf. *Évangile de Vérité* (EvVer), p. 34,1-36, et J. É. MÉNARD, *L'Évangile de Vérité*. Rétroversion grecque et commentaire, Paris, 1962, Index, s. v. ὀσμή; *L'Évangile de Vérité* (*NHS*, 2), Leiden, 1972, p. 158-163.

[6] L'Ἄνθρωπος occupe une place centrale dans la *Lettre d'Eugnoste* (Eug) du Codex III et V, par exemple.

[7] Une des illustrations les plus significatives du rôle de la Croix – Ὅρος est celle de la p. 63,21-24 de l'EvPhil, où le Christ eucharistique de l'hostie brisée sous forme d'un Ἄνθρωπος crucifié, crucifie à son tour le monde inférieur, cf. J. É. MÉNARD, *L'Évangile selon Philippe*, p. 168-170.

est la cause de l'Incarnation du Logos (p. 33,32-35). Mais la Sophia devait se repentir (p. 34,23 ss) et implorer le Père, parce que Lui, le Christ-Jésus, et elle souffraient, malgré son rire, d'avoir produit un monde imitant celui de l'Insaisissable (p. 34,35-38)[8]. La venue de Jésus-Christ peut avoir un autre but, mais qui rejoint celui de la délivrance de la Sophia: vu que les semences de cette dernière sont faibles et sans forme, le Christ vient créer avec sa parèdre des semences mystérieuses, qui se cachent sous les passions et qui sont une réplique des Éons du Plérôme (p.35). Après la création des semences à l'intérieur de l'Ἄνθρωπος, c'est-à-dire après que la Pronoia eut apporté la consolidation aux parfaits, — ceux qui furent, qui sont et seront (p. 36,12-15) —, le Logos-Jésus produisit les anges (p. 36,21 ss).

Les p. 37 à 39 parlent d'un dédoublement de la créature. Jusqu'à maintenant la création était celle du Plérôme et des semences dans l'Homme spirituel. Mais avec les anges le Démiurge voulut créer un homme semblable à l'Ἄνθρωπος, comme si le monde était le Plérôme de l'Hebdomade (p. 37,14-15), et le diable introduisit son esprit mauvais dans Adam et Caïn; il produisit le combat et l'apostasie des anges, la séduction par ceux-ci des filles des hommes, jusqu'à ce que Dieu déclencha le cataclysme du Déluge (p. 37,13-38,39)[9]. Puis, grâce à son parèdre Jésus, Sophia réussit à opérer la restauration et le retour à l'Unité des semences mâles (les Éons) et des semences femelles (les spirituels d'ici-bas) (p. 37).

En dehors de la p. 37,13 à 38,39 qui raconte l'histoire biblique de la chute à la manière d'écrits comme l'*Hypostase des Archontes* (HypArch),

---

[8] Le gnostique, entrant au Plérôme et dominant le Tout, se moque du monde. Ce rire pourrait rappeler le Christ des basilidiens qui se rit des Puissances, auxquelles il est devenu invisible, cf. IRÉNÉE, *Adv. Haer.*, I, 24,4 et *Apocalypse de Pierre* (ApocPi) (Codex VII), p. 81,11. Dans les *Actes de Jean*, 88: II,1, p. 194 Bonnet il est fait mention du παίδιον qui apparaît sous les traits d'un ἀνὴρ εὔμορφος, καλός, ἱλαροπρόσωπος, et, dans les *Actes de Paul*, le παῖς dénoue les liens de l'Apôtre avec un sourire et repart, cf. Papyrus de Hambourg, Πράξεις Παύλου et E. PETERSON, «Einige Bemerkungen zum Hamburger Papyrus-Fragment der Acta Pauli», *VC* 3 (1949) 149. Dans le manichéisme, le Sauveur sourit aux parfaits (cf. M 4 et F.W.K. MÜLLER, II [*APAW*, 1904], p. 53); le Christ se moque du monde dans le *Psautier manichéen* copte, pour qui le ciel est la ville de la moquerie (p. 191,10-11; 193,28 ss; 226,1 ss Allberry) et où, inversement, le monde est la ville de la moquerie du ciel. Le rire est alors celui des esprits (passions) masculins et féminins qui folâtrent sexuellement ici-bas avec les femmes et les hommes de la sent. 61 de l'EvPhil. Mais voir aussi sur le rire de la Sophia, cf. IRÉNÉE, *Adv. Haer.*, I, 4,2. La souffrance du Christ et de la Sophia pourrait faire allusion également aux *Ext. Théod.*, 42,2, ou à celle du Christ psychique et de la Sophia, cf. IRÉNÉE, *Adv. Haer.*, I, 7,2.

[9] Cf. B. BARC, *L'Hypostase des Archontes* (*BCNH*, section «Textes», 5), Québec/Louvain, 1980.

tout de l'ExpVal relève du valentinisme: la chute de la Sophia, la formation des Éons et leur odeur, la notion de syzygies, particulièrement celles des deux tétrades qui constituent l'Ogdoade, la définition des spirituels comme étant ceux qui étaient, sont et seront[10]. Ce sur quoi nous aimerions d'abord insister ici, c'est les liens qui uniraient l'ExpVal au *Traité tripartite* (TracTri) également valentinien du Codex I et à l'arithmologie céleste d'*Eugnoste* (Eug) du Codex III et du Codex V.

1. Le TracTri et l'ExpVal

Le TracTri appelle le Père la Racine du Tout à la p. 51,3-4, comme le fait l'ExpVal (p. 22; 23,19-32; 24,35-36). Ce Père qui est avant tout est appelé une Monade (TracTri, p. 51,9-10; ExpVal, p. 23,19-20). L'intention du Père est sa puissance (TracTri, p. 55,30-35; ExpVal, p. 22,28; 24,26-31). Si dans l'ExpVal, le Père se manifeste dans le Silence (p. 24,19-20), il est dit dans le TracTri que c'est dans le Silence qu'il se tient, lui qui est le Grand, qui est la cause de l'émanation du Tout (p. 55,35-39). Si le Père de l'ExpVal (p. 22,34-35) possède le *Noûs*, afin de constituer le Tout par une Pensée étrangère, le Père du TracTri a le *Noûs* pour se connaître Lui-même et s'engendrer (p. 56,23-57,8). Comme le Fils et l'Église existent depuis toujours dans le TracTri (p. 57,33-35), l' Ἄνθρωπος et l'Église sont des entités célestes et éternelles dans l'ExpVal (p. 29,28-35; 30,18-35; 31,36-37). Cette Église existe dans des conditions et des propriétés égales à celles de l'existence du Père et du Fils (TracTri, p. 59,8-11), et elle existe parmi les innumérables procréations d'Éons; dans l'ExpVal, elle appartient à l'une des Tétrades (p. 29,26-29). L'auteur du TracTri écrit (p. 65,4-11): «D'autre part, celui-ci (le Père) s'est étendu de lui-même, et celui qui s'est déployé est celui qui a donné une consolidation et un lieu et une résidence au Tout, y ayant à lui un nom qui est Père du Tout»; l'ExpVal enseigne (p. 23,26-31): «Alors qu'il était dans la trois-cent-soixanti[ème] sphère, il s'émana d'abord lūi-même et dans la deuxième il manifesta sa volonté [et] dans la quatrième il s'étendit lui-même». Encore une fois (p. 66,13-29) l'auteur du TracTri écrit que le Père est la cause de tous les êtres, à l'exemple de l'ExpVal (p. 23,19-21) pour qui le Père est la Racine du Tout. Il est bien dit dans le TracTri (p. 75,10-17) qu'il y a une Limite qui rend le Père incompréhensible mais

---

[10] Cf. EvPhil, p. 64,9-12; *Évangile selon Thomas* (EvTh), Logion 19 et J. É. MÉNARD, *L'Évangile selon Philippe*, p. 172-173; *L'Évangile selon Thomas* (*NHS*, 5), Leiden, 1975, p. 106-108.

qui permet en même temps aux Éons de former ou de parler en faveur de celui qui désire comprendre le Père, et l'ExpVal a cette doctrine très valentinienne au sujet de l'῞Ορος (p. 26,31-35) : le Père est invisible, mais le Christ demeure dans la Limite :

> … et il possède [quatre]
> puissances, une de séparation, une
> de confirmation, une de formati[on] et une
> [d'engendrement de substance].

ou encore (p. 27,30-38) :

> 30 Et pourquoi une (force) qui
> [sépare], une qui confirme,
> une qui engendre une substance et une qui
> [produit une for]me comme d'autres
> [l'on dit]? Ils disent en effet au sujet de la Li-
> 35 [mite qu'elle] a [de]ux puissances,
> une qui sépare et
> [une] qui [con]firme, puisqu'elle sépare
> [l'Abî]me des Éons.

La p. 76,30-34 du TracTri va revenir sur cette notion de Limite qui consolide et de qui vont se séparer, dans leur chute, le Logos du TracTri (p. 75,27-76, 2. 9-12. 16-19) et la Sophia de l'ExpVal (p. 31,33-38 ; 34, 29-31 ; 36,34-38). Le résultat de cet éloignement du système des syzygies est la création d'ombres, de ressemblances ici-bas, de ce qui est la Réalité là-haut (ExpVal, p. 35,28-29 ; 36,12-13). Le TracTri est encore plus explicite sur cette création d'images et de ressemblances (p. 77,11-36) :

> … Car, d'un côté, le Logos s'est engendré
> lui-même, étant parfait, en tant que seul,
> unique à la gloire du Père qui l'a
> voulu et s'est complu en lui.
> 15 D'autre côté, ceux-ci (ou : «ces choses?»),
> qu'il voulait saisir
> pleinement, il les a engendré(e)s en ombres
> et simulacres et similitudes,
> car il n'a pas pu supporter la vision de
> la Lumière, mais il a regardé en direction de
> 20 la Profondeur et il a hésité. Ensuite
> de quoi, c'est une division dont il a souffert
> gravement, et une déviation (née) de l'-
> hésitation, et une rupture, un oubli
> et une ignorance de soi-même et (de Celui?)
> 25 qui est (de ce qu'il est?). Car son élan vers le haut,
> avec son dessein d'atteindre à
> l'Incompréhensible, s'est affirmé pour lui :
> il était en lui. Mais les maladies
> qui l'ont suivi,

30 lorsqu'il a été mis hors
de lui-même, sont provenues
de l'hésitation, notamment du
fait qu'il n'est pas (?) parvenu (?) à atteindre (?)
la gloire du Père, celui dont l'élévation
35 est infinie. Mais, celui-ci, il
ne l'a pas atteint, car il ne l'a pas saisi.

                              (trad. Kasser, Malinine et *alii*, I, p. 119).

Il est évident d'après ce texte que la chute équivaut dans les traités
gnostiques à un oubli de soi-même qui provoque une faiblesse, un
manque de formation: le gnostique forme son être en se reconnaissant
lui-même[11]. Au contraire, c'est la tentative d'imiter le système d'Unité
qui est la cause des choses terrestres qui n'existent pas dès le début par
elles-mêmes (TracTri, p. 81,4-8); c'est précisément ce dont veulent se
repentir la Sophia qui a voulu imiter l'Insaisissable (ExpVal, p. 34,23-28)
ou encore le Logos du TracTri (p. 81,20-82,6):

20 [aussi] (vient) ce retour (sur soi) que l'on
appelle aussi «conversion»,
le Logos se tournant
vers d'autres sentiments et une autre pensée,
détourné du mal,
25 retourné au
Bien. Le «retour» a été
suivi par la pensée de ceux qui sont
et par la prière en faveur de celui qui doit retourner
de soi-même au Bien.
30 Car, d'abord, celui qui est dans le Plérôme est celui qui l'a prié et
se souvient; ensuite ses frères,
l'un après l'autre et certes, au total,
l'un avec l'autre; puis eux tous,
35 mais, avant tous ceux-ci, le Père.
Or, cette prière du Tout
était un secours pour faire en sorte qu'il
retourne à soi-même
et (au) Tout. Car c'était cause
5 pour lui de se resouvenir
des choses préexistantes.

                              (trad. Kasser, Malinine et *alii*, I, p. 127).

De même que le Père du TracTri sépare le bon du mauvais (p. 88,33-
89,1) par sa révélation, ainsi le Jésus de l'ExpVal (p. 35,30-37) sépare les
passions mauvaises des bonnes:

[11] Cf. J. É. MÉNARD, *L'Évangile de Vérité* (*NHS*, 2), Leiden, 1972, Introduction,
p. 19 ss.

30   De plus, ce Jésus créa
     la créature et façon-
     na à partir des passions qui
     entourent les semences, et il
     les sépara les unes des autres,
35   et les passions supérieures il les
     introduisit dans l'Esprit, et les mauvaises,
     dans ce qui est chair.

Mais les images et les ressemblances d'ici-bas peuvent être une école d'éducation pour les semences spirituelles perdues sur terre ou pour les psychiques, afin qu'ils puissent contempler les archétypes célestes. L'ExpVal (p. 37,25-31) enseigne en effet :

25   ... les gloires sont [spi-]
     [ri]tuelles et [char-]
     nelles, célestes et
     terrestres. Il (le Jésus-Démiurge) leur fit
     ainsi un lieu et
30   une école de
     doctrine et de formation.

L'auteur du TracTri écrit également (p. 104,16-30) :

     ..., eux (les Éons) qui
     sont les racines des formations manifestées,
     à savoir l'entière préparation de l'
     ordonnance des images et (des) ressem-
20   blances et (des) similitudes. Ils ont
     été à cause de ceux qui ont besoin d'
     éducation (ou : «de nourriture») et d'instruction et
     de la forme afin que la petitesse
     obtienne la croissance, peu à
25   peu, comme par le reflet d'un miroir.
     C'est pourquoi, en effet, il (le Père) a créé
     l'homme à la fin, ayant fait d'abord
     préparation et ayant fait d'abord
     provision pour lui de ce qu'il a créé
30   à cause de lui. Car la création de
     l'homme est aussi comme
     le reste.

                              (trad. Kasser, Malinine *et alii*, I, p. 104).

Et c'est ainsi que s'opère la restauration (TracTri, p. 123,12-22) :

     Ses (du Logos) membres, d'autre part, ont eu besoin
     d'un lieu d'instruction
     qui est dans les lieux
     disposés pour qu'il reçoive par eux ressemblances
15   des images, des prototypes,
     à la manière d'un miroir, jusqu'à ce que

tous les membres du corps de
l'Église soient en un seul endroit
et reçoivent la restauration
20 d'un seul coup, s'étant manifestés comme le
corps intégral, c'est-à-dire la
restauration au Plérôme.

Et le Tout sera alors dans une Unité et une restauration (ExpVal,
p. 39,33-35). C'est vers cette Unité et cette restauration que doivent
tendre les parfaits et, ensemble avec eux, les psychiques (Irénée, *Adv.
Haer.*, I,1-8 et *Évangile selon Philippe* [EvPhil][12]).

2. Eug et l'ExpVal

Une arithmologie céleste comparable à celle de l'ExpVal est celle
d'Eug du Codex III et V de Nag Hammadi. Le Plérôme y est composé de
12 puissances intellectuelles constituées chacune de 6 couples: mâle-
femelle engendrant cinq êtres pneumatiques, de sorte que le Tout compte
360 puissances (Codex III, p. 83,10-19); les douze puissances sont les
archétypes des douze mois de l'année et les 360 puissances sont les
archétypes des 360 jours de l'année (Codex III, p. 84,1,11). Ou, encore, il
est dit que le Plérôme est composé de 12 Éons renfermant chacun 6 cieux,
et chacun de ces 72 cieux comprend 5 firmaments, ce qui fait 360
firmaments, mâles et femelles (p. 84,15-85,6), et c'est sa chute de ce

[12] Cf. *Évangile selon Philippe*, p. 67,9-27:
10   La Vérité n'est pas venue
dans le monde nue, mais elle est venue dans
les types et les images. Il (le spirituel) ne la recevra pas autrement.
Il y a une régénération et une
image de régénération. If faut vraiment
que l'on renaisse par l'image. Quelle
15   est la résurrection? Et l'image par l'image,
il convient qu'elle ressuscite; le fiancé et l'image
par l'image, il faut qu'ils pénètrent dans
la Vérité, qui est la restauration.
Cela convient à ceux qui n'obtiennent pas seulement
le Nom du
20   Père et du Fils et de l'Esprit-Saint,
mais qui l'ont obtenu pour eux-mêmes. Si quelqu'un
ne les obtient pas
pour lui-même, le Nom lui sera aussi enlevé.
Or, on les reçoit dans l'onction de la plénitude
de la puissance de la [Croix], que les Apôtres
25   ont appelée la droite et la gauche.
Car celui-ci n'est plus un [chré]tien, mais
il est un Christ.

(trad. Ménard, p. 79)

groupement de syzygies qui explique la déficience de la féminité dans le monde inférieur (p. 85, 8-9)[13].

De manière analogue, l'ensemble des syzygies célestes de l'ExpVal est composé de décades qui viennent des deux premiers Éons : le Logos et la Vie, et de dodécades (redoublement de 6) venant de l'Homme et de l'Église, les deux grands Éons suivants, et qui finissent par constituer 360 (p. 30,30-38) :

30   ... les D[ix] qui proviennent
du Lo[g]os et de la Vie produisirent des
Dix, de sorte que le Pl[ér]ôme
devin[t] un cen[t] et
la Dod[é]cade qui vient de l'Homme
35   et de l'Église [apporta] (et) fit
les Trente, et que les [360]
devinrent le Plé[rô]me de
l'année et l'anné[e] du Seigneur,

et c'est lorsque la Sophia veut sortir de ce système de syzygies (p. 31, 34-38) que se produit la chute.

Si la doctrine, la terminologie et l'arithmologie de l'ExpVal le rapprochent du valentinisme en général, cette doctrine, cette terminologie et cette arithmologie céleste sont semblables à celles d'autres écrits de Nag

---

[13] La *Sophia Jesu Christi* (SJC) du Codex III et du Papyrus de Berlin 8502 dont Eug est le parallèle ou même la source (voir J. É. MÉNARD, «Normative Self-Definition in Gnosticism», en E. P. SANDERS (éd.), *Jewish and Christian Self-Definition*, I : *The Shaping of Christianity in the Second and Third Centuries*, Londres, 1980, p. 134-150. 238-240) développe davantage la chute de l'entité féminine de la Sophia dans la matière : elle y est comme une gouttelette qui soutient l'être dans l'existence et lui permet de reprendre connaissance de ses origines divines.

On pourrait, d'autre part, dresser le tableau suivant des entités célestes d'Eug d'après les deux versions des Codex III et V :

Les deux premiers principes (III, p. 74,19-76,12 ; 76,13-87,23) engendrent trois Éons (III, p. 85,9-21 ; V, p. 13,8-15).

Dans le premier Éon (III, p. 85,9-10) qui est l'Unité et le repos (p. 86, 14), la Monade engendre une dyade, une triade, des dizaines, des centaines et des myriades (V, p. 7,19-8,27).

Au deuxième Éon le Protogenetôr (III, p. 81,10 ; V, 9,21-22) qui est l'Homme Primordial, constitue l'Église des saints (III, p. 81,5-6) composée de 6 puissances androgynes du nom de Sophia (III, p. 82,9-83,1) qui engendrent des pensées, des réflexions, des intentions, des raisonnements, des décisions, des paroles (III, p. 83,2-10), le Tout regroupant 36 êtres masculins et 36 êtres féminins (III, p. 83,10-20), chacun engendrant 5 êtres pneumatiques. Ce qui fait 360 cieux et firmaments, correspondant aux 360 jours terrestres (III, p. 83,20-84,11 ; 84,12-85,7).

Le troisième Éon est l'Église (III, p. 86,16-17 ; V, p. 13,8-15), qui est un rassemblement (III, p. 86,20-24).

Hammadi comme, par exemple, le TracTri du Codex I et Eug du Codex III et V.

3. L'ExpVal et le valentinisme

Mais nous croyons, en effet, pouvoir préciser davantage les origines de l'ExpVal et des Fragment sur le baptême et l'eucharistie qui le suivent. Il est vrai qu'à la p. 27,30 ss, il semble qu'il y ait eu des divergences de vues entre gnostiques. E. Pagels et J.D. Turner y font allusion dans leur Introduction aux présents traités du Codex XI[14]. Il ne faudrait cependant pas oublier que ces traités sont antérieurs aux systématisations de la fin du siècle (IIe s.) et que le *Témoignage de Vérité* (TemVer) nous a habitués à ces dissensions entre gnostiques[15]. Irénée le disait lui-même[16]. Et les ressemblances avec Héracléon ne sont pas les seules. Des termes et, semble-t-il, des thèmes sont analogues à ceux des systématisations ultérieures, que ce soit celles de Ptolémée, des *Extraits de Théodote* ou des Fragments d'Héracléon.

Le premier terme valentinien de l'ExpVal est βυθός, malheureusement conjectural (p. 27,39; 28, 20. 21). C'est un hapax dans le corpus de Nag Hammadi et il ne se retrouve que chez Irénée et Hippolyte dans leurs Notices sur les valentiniens[17] ainsi que dans la «Lettre valentinienne»[18]. Il désigne l'Abîme-Père, et non βάθος, «profondeur». En effet à la p. 27,38 il faut combler la lacune à l'aide du Fragment 7 de la p. 79 de l'édition facsimile maintenant replacé sur le papyrus et qui donne un bien meilleur sens au texte: l'Abîme-Père est séparé des Éons en Irénée, *Adv. Haer.*, I, 11,1. La διόρθωσις, le «redressement» de la Sophia (p. 33,28; 36,11) qui lui n'est pas conjectural à la p. 33,28, constitue également un hapax et ne se retrouve, appliquée au redressement de la Sophia, qu'en Irénée, Hippolyte et Clément d'Alexandrie[19]. La πρόνοια de la p. 36,10; 37,21 dans le sens de Providence du Père assurant le redressement des semences spirituelles d'ici-bas et leur séparation des passions est, pour ainsi dire, exclusivement valentinienne[20] tout comme l'οἰκονομία de la

---

[14] Cf. J.M. ROBINSON (éd.), *The Nag Hammadi Library in English*, p. 435.

[15] Cf. J.É. MÉNARD, «Normative Self-Definition in Gnosticism», p. 134-150. 238-240; K. KOSCHORKE, *Die Polemik der Gnostiker gegen das kirchliche Christentum*. Unter besonderer Berücksichtigung der Nag Hammadi Traktate «Apokalypse des Petrus» (NHC, VII,3) und «Testimonium Veritatis» (NHC IX, 3) (*NHS*, 12), Leiden, 1978.

[16] Cf. *Adv. Haer.*, I, 11,1-12,4.

[17] Cf. *Ibid.*, I,1,1; *Elenchos*, VI, 30,7.

[18] Cf. ÉPIPHANE, *Panarion*, 31,5,7.

[19] Cf. *Elenchos*, VI, 32,5; 36,1.3.4; *Adv. Haer.*, I, 4,5; *Ext. Théod.*, 30,2; 35,2.

[20] Cf. CLÉMENT D'ALEXANDRIE, *Stromates*, II, 114,36 = Fragment 2 de Valentin.

foi (p. 36,15)[21]. L'ἀποστασία (p. 38,28) est presque exclusivement valentinienne pour décrire une chute, une défection, celle de Sophia[22] ou des anges comme ici. Πλήρωμα au pluriel (p. 39,27) est exclusivement valentinien à Nag Hammadi[23], on le retrouve dans Irénée et dans les *Ext. Théod.*[24]. Le ⲁⲧⲛⲡⲉⲧ⸗ ou le ⲁⲧⲟ̄ⲛ ⲡⲉⲧ⸗ des p. 28,38; 40,28 serait une traduction de l'ἀνεξιχνίαστον valentinien[25] qui est le terme technique d'un attribut du Père ou des entités célestes.

Il n'y a pas que les termes qui puissent être valentiniens, et, même exclusivement. Il y a tout l'ensemble de ces p. 22 à 44 qui reflète une doctrine communément valentinienne, malgré toutes les discussions qui ont été soulevées autour des sources plus ou moins diversifiées, plus ou moins contradictoires dont s'est servi Irénée pour sa Grande Notice[26]. Il est regrettable que notre texte soit aussi lacuneux, car nous pourrions être en présence d'une des sources des éléments fondamentaux du valentinisme, tels que décrits par les hérésiologues. Il serait faux de ne vouloir rapprocher l'ExpVal et les Fragments qui le suivent uniquement des Fragments d'Héracléon, comme si ces derniers représentaient le stade le plus ancien et le plus sûr de l'évolution de la doctrine de Valentin. Le témoignage d'un Irénée ou d'un Clément d'Alexandrie nous paraît en substance suffisamment exact pour que nous ne négligions pas de le rapprocher de notre texte. Tant les comparaisons avec les autres textes de Nag Hammadi[27] qu'avec les Pères de l'Église nous paraissent indispensables.

Le Père vivant dans le Monade (p. 22,20.23; 23,20; [25,19]) a pour parèdre la Σιγή (p. 22,26; 23,22; [24,20]; [25,33]; [29,33]) qui est le conjoint du Père dans la première des deux Tétrades qui constituent l'Hebdomade supérieure chez Irénée[28] : avec le Père, le Silence (Pensée) engendre le Monogène-*Noûs*-Intelligence dont la Vérité est la parèdre et cette première Tétrade engendre le Logos-Vie et l'Homme-Église qui constituent la deuxième Tétrade (p. 23; 29?). Du Logos et de la Vie naissent dix autres Éons, la Décade, et de l'Homme-Église en naissent 12. Ce qui fait que le Plérôme est constitué de $8 + 10 + 12 = 30$ (p. 30).

---

[21] Cf. IRÉNÉE, *Adv. Haer.*, I, 6,1; 7,2; 15,2.

[22] Cf. *Ibid.*, I, 3,3; 16,1; II,20,2-5.

[23] Cf. TracTri, p. 85,32; 124,29; EvPhil, p. 84,14.

[24] Cf. *Adv. Haer.*, I, 14,2; *Ext. Théod.*, 32,1; 33,1.

[25] Cf. IRÉNÉE, *Adv. Haer.*, I, 2,2.

[26] Cf. F. M. M. SAGNARD, *La gnose valentinienne et le témoignage de saint Irénée* (*Études de philosophie médiévale*, 36), Paris, 1947, p. 55-291.

[27] Cf. F. SIEGERT, *Nag-Hammadi Register...*

[28] Cf. *Adv. Haer.*, I,1,1 et F. M. M. SAGNARD, *op. cit.*, p. 302.

L'Intelligence-*Noûs*-Monogène descend dans le Tout pour révéler le Père à la p. 24, et le Tout devient un objet du désir du Père. Dans l'*Adv. Haer.*[29], nous assistons à la révélation du Père au Tout par le *Noûs* sous la forme du produit de l'union du Vouloir et de la Pensée qui arrêteront la constitution du Tout à la Limite (p. 25,22-24; 26,30 ss; [27,34 ss]; 31,[22].23; 33,26), l'Ὅρος étant ce qui sépare l'Abîme des Éons et le monde d'en haut du monde d'en-bas dans Irénée et Hippolyte[30], et confirmant, formant et engendrant la substance des parfaits (p. 26,30-34)[31]. Le terme στηρίζειν (p. 27,31.37) est un terme technique dans le valentinisme[32] pour désigner la spiritualisation des semences spirituelles ici-bas qui n'obtiendront de fait la pureté parfaite qu'à la mort (p. 44,33-34).

Le pneumatique déchu est symbolisé par la Sophia, le 30e éon (p. 30, 20-25; 31,35-37), tout comme la Sophia dans Irénée[33] est le 30e éon émis par l'Homme et l'Église. À la suite de cette chute, le Christ descend secourir la Sophia (p. 32,34-39; 33,35-36) et il semble que le Logos qu'enveloppe le Christ remonte au Plérôme abandonnant la Sophia à ses douleurs comme chez Valentin[34], laquelle, avec les éléments psychiques qui lui restent, va produire un autre fils, le Démiurge (p. 37,33; [38,25]; 39,16). Ces douleurs de Sophia (p. 34) l'amèneront à une μετάνοια qui consiste à reconnaître ce qu'elle était au Plérôme, lorsqu'elle engendrait à son parèdre des semences[35] qui viennent revêtir ou entourer (l. 20) le Sauveur-Jésus. La Sophia et son Sauveur, le *Jesus patibilis*, portant sa croix, à savoir les semences sur ses épaules[36], vont souffrir ensemble. Ainsi que nous le disions au sujet du TracTri, le Sauveur pourrait ressembler au Logos descendu ou tombé dans le lieu inférieur du fait que les fruits de la Sophia déchue sont imparfaits et sans forme (p. 35,13). L'un avec l'autre, ils vont créer de nouvelles semences (l. 16), comme le rapportent Irénée, Hippolyte et les *Ext. Théod.*[37]. Et les lignes 30-37 nous disent que Jésus créa cette nouvelle créature en séparant les passions, comme dans les *Ext. Théod.*, 45,2; 46, transformant les

---

[29] Cf. I, 12,1.
[30] Cf. *Adv. Haer.*, I,2,1-6; 11,1; *Elenchos*, VI, 30,6-32,2.
[31] Cf. IRÉNÉE, *Adv. Haer.*, I,2,4.
[32] Cf. *Ibid.*, I,2,2.4.6; 21,3.
[33] Cf. *Adv. Haer.*, I,1,2; 2,2.
[34] Cf. *Ibid.*, I,11,1.
[35] Cf. *Ext. Théod.*, 1-45.
[36] Cf. *Ibid.*, 42,2; au sujet de la souffrance du Christ psychique et de la Sophia voir IRÉNÉE, *Adv. Haer.*, I,7,2.
[37] Cf. *Adv. Haer.*, I,2,3; *Elenchos*, VI,31,2.5; *Ext. Théod.*, 1-42.

passions supérieures en substances incorporelles et les passions en corps matériels.

Mais celle qui se cache derrière l'œuvre du Logos-Christ-Jésus, c'est la πρόνοια, «la Providence» (p. 36,10; 37,21) qui sépare les passions dans le Fragment 2 de Valentin[38].

L'œuvre du Démiurge (p. 37), qui est produit par Sophia[39], va s'effectuer dans l'Hebdomade (l. 14) comme chez Irénée et les *Ext. Théod.*[40]. Il va instruire les semences[41]. C'est ainsi qu'il amène les éléments amorphes à la formation[42], comme le Logos du TracTri[43].

Une autre œuvre du Démiurge est la création de l'Homme (l. 33-36), l'homme hylique (κατ' εἰκόνα) et l'homme spirituel (καθ' ὁμοίωσιν). Cette doctrine éminemment gnostique rejoint celle d'Irénée et les *Ext. Théod.*[44]. L'homme spirituel est déposé secrètement dans l'homme à l'insu du Démiurge, comme chez Irénée[45].

Vu que ce Démiurge est le Dieu des Juifs, des chrétiens ordinaires, des judéo-chrétiens[46], il serait à identifier au διάβολος de la p. 38 qui domine l'histoire de l'Ancien Testament depuis Adam, en passant par le combat d'Abel et de Caïn, auxquels le Démiurge insuffle son souffle[47], et le combat des anges déchus et de l'humanité, de la gauche et de la droite, des pneumatiques et des charnels, jusqu'à l'union des fils de dieux et des filles d'hommes qui entraînera le cataclysme du déluge. Cette histoire appartenait à la source barbélognostique ou séthienne du valentinisme: on la retrouve très simplifiée dans Irénée, *Adv. Haer.*, I, 29-30, mais non dans la Notice sur les ptoléméens. Son schème fondamental aura été retenu par l'ApocrJn et l'HypArch. Comme pour l'ApocrJn, nous sommes sans doute ici beaucoup plus près des origines.

La p. 39 revient à une doctrine classiquement valentinienne, à savoir le retour au Plérôme grâce au Parfait, parèdre de la Sophia (l. 13ss). Le Parfait est dans le valentinisme non seulement le Père, mais aussi le Logos qui sera finalement reçu par les valentiniens[48] pour constituer leur «Homme pneumatique», dans cette semence de pneuma issue du

---

[38] Cf. CLÉMENT D'ALEXANDRIE, *Stromates*, II, 114,3-6.
[39] Cf. IRÉNÉE, *Adv. Haer.*, I,11,1.
[40] Cf. *Ibid.*, I,5,1-6,4; *Ext. Théod.*, 47-54.
[41] Cf. ÉPIPHANE, *Panarion*, 33,6; IRÉNÉE, *Adv. Haer.*, I,5,1; *Ext. Théod.*, 27,4.
[42] Cf. *Ext. Théod.*, 48,1.
[43] Cf. p. 104,16-30; 123,12-22.
[44] Cf. *Adv. Haer.*, I,5,5-6; *Ext. Théod.*, 50; 53-54.
[45] Cf. *Adv. Haer.*, I,5,6.
[46] Cf. *Ext. Théod.*, 47.
[47] Cf. IRÉNÉE, *Adv. Haer.*, I,5,5.6; HIPPOLYTE, *Elenchos*, VI,34,4-5.
[48] Cf. IRÉNÉE, *Adv. Haer.*, I,5,6; II,19,6; HÉRACLÉON, Fragment 33.

Plérôme et successivement «formée» et «développée» par lui. Cette restauration s'effectue immédiatement par la réunion des semences mâles et des semences femelles (l. 25-27), comme c'est le cas dans les *Ext. Théod.*[49] ; et cette réunion des anges des âmes qui sont leurs[50] crée le «Plérôme de joie».

Cette vue d'ensemble de l'ExpVal nous porte à penser qu'il renferme les éléments fondamentaux du valentinisme et que sa doctrine pourrait se présenter sous forme d'un schème analogue à celui par lequel F. M. M. Sagnard[51] illustrait le valentinisme ptoléméen : le Tout est ce théâtre où se joue et se projette le destin de l'homme spirituel déchu dans la matière et où le Père-Abîme avec l'Ennoia (Silence) engendre le Monogène (*Noûs*-Pensée) et la Vérité, lesquels, à leur tour, engendrent Logos-Vie-Homme-Église émettant en dernier lieu le 30ᵉ Éon, la Sophia. Là se termine le Plérôme fermé par l'Ὅρος, la Croix. Le sauveur Christ-Jésus sort du Plérôme avec ses anges à la recherche de la Sophia qui engendre le Démiurge, lequel dépose à son insu des semences spirituelles dans l'Homme.

Il n'est pas impensable que l'ExpVal, conjointement à Eug, ait influencé un écrit sensiblement postérieur aux autres écrits valentiniens, à savoir la «Lettre valentinienne» citée par Épiphane, *Panarion*, 31,5-6. Comme dans notre traité l'auteur de la «Lettre» (31, 5,2) veut enseigner des mystères célestes cachés. Le Premier-Père qui contient le Tout (31, 5,3) engendre avec *Sigè* le Tout, d'abord le Père de la Vérité que les parfaits appellent l'Homme[52] qui est un *autopatôr*, puis il produit la Vérité. Cette première tétrade : Abîme-Silence, *Noûs*-Vérité engendre une autre tétrade : Homme-Église, Logos-Vie (31, 5,7). Selon la volonté de l'Abîme-Père, l'Homme et l'Église s'unissent[53] et engendrent une Dodé-cade. Le Logos et la Vie, qui imitent le don de la Monade, engendrent une décade (31, 5,9) dont les éléments mâles sont pour la gloire du Père et les éléments féminins, à la gloire de Silence, comme c'est le cas dans l'ExpVal (p. 29, 29-34 s ; 39,20 ss). À l'exemple de ce dernier (p. 30,20), l'auteur de la «Lettre valentinienne» (31, 6,1) mentionne les 30 qui découlent de l'Ogdoade, laquelle se dédouble (31, 6,1-6) en une Ogdoade supérieure et une Ogdoade inférieure[54], qui, se reposant en dehors de la φρόνησις et de l'ἔννοια, c'est-à-dire en dehors de la sphère du νοῦς, ne produit rien.

[49] Cf. 44,1 ; 53,3.
[50] Cf. HÉRACLÉON, Fragment 35 ; *Ext. Théod.*, 65.
[51] Cf. *La gnose valentinienne...*, p. 145.
[52] Cf. Eug (III), p. 76,21 ss.
[53] Cf. Eug (III), p. 81,5-6.10-85,7 ; 85,11-12 ; (V), p. 8,27-13,4.
[54] Cf. Eug (III), p. 85,8-87,25 ; (V), p. 13,8-15.

Ainsi que nous le dirons dans le Commentaire et dans l'état actuel des recherches, les trois Fragments sur le baptême et les deux sur l'eucharistie sont à replacer dans le contexte de l'ExpVal lui-même.

La p. 40, 1-29 pourrait faire allusion au double baptême valentinien, celui de l'eau et l'onction[55], cette dernière donnant vraiment au parfait le nom de Christ et le premier remettant les péchés (aussi p. 41,10-23), encore que le Jourdain puisse avoir un sens péjoratif, celui du monde à la p. 41,28-29. Et pourtant quelques lignes plus bas (l. 32-33) l'auteur fait un jeu de mots sur Jean et Éon. Ce double sens s'expliquerait à la lumière d'Héracléon[56] pour qui Jean-Baptiste est à la fois un psychique et un pneumatique, une image du Démiurge psychique comme du Sauveur pneumatique.

Comme aux p. 42,10-43,18, ce que l'on pourrait avoir tendance à oublier dans l'interprétation de notre auteur au sujet du baptême, de Jean-Baptiste et du Jourdain, c'est qu'il joue sans cesse sur l'image terrestre et la réalité céleste, comme le fait l'ExpVal, qu'il fait sans cesse appel aux lois gnostiques d'extension et d'enveloppements, de réabsorption et de loi communautaire. Jean-Baptiste, la Voix, connaturelle au Logos, se fond dans ce Logos; c'est un élément faible qui devient un élément fort, c'est-à-dire qu'elle devient pneumatique, tout comme dans notre traité (p. 42,14-20) on passe, grâce au baptême, du charnel au spirituel, du physique à l'angélique, de l'état de créature au Plérôme, du monde dans l'Éon, de l'état d'esclave à celui de fils. Grâce au baptême également, nous passons des confusions, c'est-à-dire du mélange d'ici-bas (l. 20-31) dans l'unité de la syzygie céleste, du chemin au village et non à la ville[57], du froid au chaud[58], et nous sommes emportés dans des substances incorporelles corporifiées[59].

Les p. 43,21 à 44,38 sont consacrées à l'eucharistie du pain et de la coupe (p. 44,19-21. 35), mais leur contenu est celui d'épiclèses et de doxologies où est invoqué le nom de Jésus-Christ, lequel concède toute grâce et toute pureté (p. 42,35-37), comme chez Irénée[60]. Ce qui signifie, somme toute, que les parfaits sont consolidés par ce nom de Jésus, qui est le nom exprimable du Nom inexprimable. Ce dernier s'est enveloppé de chair pour descendre jusqu'à notre perception sensible. Pour ceux qui l'invoquent a cessé l'ignorance.

[55] Cf. *Adv. Haer.*, I, 21,1-5; EvPhil, p. 69,1-14; 74,12-14.
[56] Cf. Fragments 5; 6; 7; 8; 10.
[57] Notre auteur est en cela différent de l'EvPhil, p. 63,18-19.
[58] Cf. EvVer, p. 34,1-35,1.
[59] Cf. F. M. M. SAGNARD, *op. cit.*, p. 243-244.
[60] Cf. *Adv. Haer.*, I,2,4; 3,5.

TEXTE
ET
TRADUCTION*

* *Note préliminaire*

Sauf en ce qui concerne la séparation des mots, notre texte copte respecte l'exacte disposition du papyrus.

Le signe ⁰ accompagnant un terme dans la traduction française indique que celui-ci est en grec dans le texte copte. Le signe + suivi d'un terme grec entre parenthèses dans la traduction française indique qu'il n'y est pas traduit.

Éditions et travaux

Emmel: EMMEL (S.), «Unique Photographic Evidence for Nag Hammadi Texts: CG IX-XIII,1», *BASP* 16,4 (1979) 263-275.

Turner: PAGELS (E. H.), TURNER (J. D.), «A Valentinian Exposition (XI,2), With on the Anointing, on Baptism A and B, and on the Eucharist A and B», in J. M. ROBINSON (éd.), *The Nag Hammadi Library in English*. Translated by Members of the Coptic Gnostic Library Project of the Institute for Antiquity and Christianity, New York/Hagerstown/San Francisco/Londres, 1977, p. 435-442.

Signes et abréviations de l'apparat critique

Lettres pointées: non pas toutes les lettres détériorées, mais uniquement celles dont la lecture est matériellement incertaine

cod   : codex XI de Nag Hammadi

pap   : papyrus

[   ]: lettre restituée

⟨   ⟩: lettre ajoutée ou corrigée

{   }: lettre supprimée

ˋ   ˊ: addition du scribe au-dessus de la ligne

⟨ⲕⲃ⟩

[.......................]
[........ⲉⲧⲟ]ⲩⲓ ⲉ̅ⲏ[ⲧ.....]
[..........]ⲉⲓⲁ ̅ⲟ[......]
[.............]ⲧⲭⲟⲣⲏⲅ[ⲓⲁ....]
5 [.......ⲧⲙ̅ⲛⲧ]ⲣ̅ⲙ̅ⲙⲁⲉ[......]
[...........]ⲛⲉⲧⲉ.[.......]
[..........]ⲙ̅ⲡ.[........]
[7 lignes manquent]
15 [.........†ⲛⲁ]ϣⲉ]ϫⲉ ⲡⲁⲙ̅ⲩ̅ⲥ
[ⲧⲏⲣⲓⲟⲛ ⲙ̅ⲛ ⲛⲉⲧⲟⲩϣ]ⲟⲟⲡ ⲛⲏⲉⲓ ⲙ̅ⲛ
[ⲛⲉⲧⲟⲩⲛⲁϣⲟⲟⲡ ⲛⲏ]ⲉⲓ ⲛⲉⲉⲓ ⲃⲉ ⲛⲉ ⲛ
[...........]ϣⲟⲟⲡ· ⲡⲓⲱⲧ ⲉⲧⲉ
[...........]ⲉ̄ ⲙ̅ⲡⲧⲏⲣ̅ϥ ⲡⲓⲁⲧ
20 [ϣⲉϫⲉ........]ϣⲟⲟⲡ ̅ⲛ ⲧⲙⲟⲛⲁⲥ
[...........]̅ⲛ ⲡⲕⲁ ⲣⲱ̅ϥ ⲡⲕⲁ
[ⲣⲱ̅ϥ ⲛ̅ⲇⲉ ⲡⲉ] ⲡⲥⲃ̅ⲣⲁ̅̅ⲧ· ⲉⲡⲉⲓ ⲟⲩⲛ
[ⲛⲉϥϣⲟⲟ]ⲡ̅ ⲙ̅ⲙⲟⲛⲁⲥ ⲁⲩⲱ ⲛⲉⲙ̅ⲛ
[ⲗⲁⲩⲉ ϣⲟ]ⲟⲡ ̅ⲁ ⲧⲉϥⲉ̅ⲏ ⲉϥϣⲟⲟⲡ
25 [̅ⲛ ⲧⲁ]ⲩⲁⲥ ⲁⲩⲱ ̅ⲛ ⲡⲥⲁⲉⲓϣ· ⲡⲉϥ
ⲥⲁⲉⲓϣ ̅ⲛ̅ⲇⲉ ⲡⲉ ⲧⲥⲓ̅ⲅⲏ ⲛⲉⲩ̅ⲛ̅ⲧⲉ̅ϥ ̅ⲛ
[ⲇ]ⲉ̅ ⲙ̅ⲙⲉⲩ ⲙ̅ⲡⲧⲏⲣ̅ϥ ⲉ⟨ϥ⟩ϣⲟⲟⲡ ̅ⲛ̅̅
[ⲣⲏ̈ ̅ⲛ]̅ⲏⲧ̅ϥ ⲁⲩⲱ ⲡⲟⲩⲱ̅ϣⲉ ⲙ̅ⲛ
ⲡ[ⲁⲧⲱ]ⲱⲡⲉ ⲡⲙⲁⲉⲓⲉ ⲙ̅ⲛ ⲡ̅ⲃⲱ
30 ⲛⲉⲉⲓ ⲃⲉ ̅ⲛⲁⲧϫⲡⲁⲩ ⲛⲉ ⲡⲛⲟⲩⲧⲉ
[ⲉⲧⲉ]ⲓ ⲁⲃⲁⲗ ⲡϣⲏⲣⲉ ⲡⲛⲟⲩⲥ ⲙ̅ⲡⲧⲏ
[ⲣ̅]ϥ ⲉⲧⲉ ⲡⲉⲉⲓ ⲡⲉ ϫⲉ ⲁⲃⲁⲗ ̅ⲛ ⲧⲛⲟⲩⲛⲉ
ⲙ̅ⲡⲧⲏⲣ̅ϥ ⲉⲣⲉⲡⲉ̅ϥⲕⲉⲙⲉⲩⲉ ϣⲟⲟⲡ
ⲡⲉⲉⲓ ⲅⲁⲣ ⲛⲉⲟⲩ̅ⲛⲧⲉ̅ϥ̅ⲃ ⲙ̅ⲙⲉⲩ ̅ⲙ
35 ⲡⲛⲟⲩⲥ ⲉⲧⲃⲉ ⲡⲧⲏⲣ̅ϥ ̅ⲛⲅⲁⲣ ⲁ̅ϥϫⲓ
ⲛⲟⲩⲙⲉⲩⲉ ̅ⲛ̅ϣⲙⲙⲟ ⲛⲉⲙ̅ⲛ ⲗⲁⲩⲉ
̅ⲛⲅⲁⲣ ϣⲟⲟⲡ ̅ⲁ ⲧⲉϥⲉ̅ⲏ· ⲁⲃⲁⲗ ̅ⲙ
ⲡⲙⲁ ⲉⲧ̅ⲙⲙⲉⲩ ̅ⲛⲧⲁ̅ϥ ⲡⲉ ⲉ̅ⲛⲧⲁ̅ⲏⲕⲓⲙ

---

p. 22 ⟨ⲕⲃ⟩ cod ne porte pas de pagination — 15-17 sic Turner — 18-21 fragment de gauche
à replacer p. 28,35-38: [ⲧⲁⲩⲥⲁⲩ]ⲛⲉ ⲙ[ⲙⲟ̅ϥ ⲉ̅ϥ]ϣⲟⲟⲡ· ⲡⲓⲱⲧ ⲉⲧⲉ [ⲡⲉ ⲅ]ⲁⲣ
[ⲧⲛⲟⲩ̅ⲛⲉ̅]ⲉ ⲙⲡⲧⲏⲣ̅ϥ ⲡⲓⲁⲧ[ϣⲉϫⲉ ⲉ̅ϥ]ϣⲟⲟⲡ ̅ⲛ ⲧⲙⲟⲛⲁⲥ [....]ⲱ ϣ[ⲟⲟⲡ Turner
— 26 ⲥ¹ boucle inférieure boucle supérieure — 27 ⲉ¹ boucle supérieure barre transversale
— 32 ϥ extrémité inférieure de la hampe — 35 ϫⲓ presque illisible sur pap.

< 22 >
```
    [                        ]
    [                        ]
    [        ]...[            ]
    [            ]abond[ance°      ]
 5  [       abon]dance[         ]
    [            ]ceux qui[      ]
    [        ]...[             ]
```
                [7 lignes manquent]
15 [je di]rai mon mystère°
    [à ceux qui s]ont miens et
    [à ceux qui seront mi]ens. Car ceux-là sont
    [   ]existe, le Père qui
    [   ]du Tout, l'In-
20 [effable   ]est dans la Monade°
    [   ]dans le Silence°, et° le Si-
    [lence° est] la tranquillité, puisque°, en somme°,
    [il était] Monade° et qu'il n'y avait
    [personne] avant lui. C'est
25 [dans la Dy]ade° et dans la syzygie qu'il se trouve
    et° son parèdre est le Silence° et° il possédait
    le Tout qui était
    en lui, l'intention,
    [la perma]nence, l'amour et la persévérance;
30 ils sont en effet inengendrés. Le Dieu
    [qui vien]t, le Fils, le *Noûs* du
    Tout, c'est de la Racine
    du Tout que vient aussi sa Pensée,
    car° celui-ci (le Père) le (le Fils) possédait dans
35 le *Noûs*. En effet°, pour le Tout il a reçu
    une pensée étrangère, vu qu'°il n'y avait rien
    avant lui de
    ce Lieu-là. C'est lui qui mit en mouvement

< κΓ >

[17 lignes manquent]

ⲁⲉⲓ.[....................]

ⲉⲥⲃⲉ ⲡⲉ ⲧⲉⲉⲓ ϭ[ⲉ ⲧⲉ ⲧⲛ]ⲟⲩⲛⲉ [ⲙ̄ⲡⲧⲏ]

20 ⲣ̄ϥ ⲁⲩⲱ ⲙⲟⲛⲁⲥ [ⲉⲛⲉ]ⲙ̄ⲛ ⲗ[ⲁⲩⲉ ⲍⲁ]

ⲧⲉϥⲉⲍⲏ ⲧⲙⲁⲍⲥ̄[ⲛⲧ]ⲉ ⲛ̄ⲇⲉ [ⲡⲏⲅⲏ ⲧⲉ]

ⲉ⟨ⲥ⟩ϣⲟⲟⲡ ⲍ̄ⲛ ⲧⲥ̣[ⲓ]ⲅⲏ̣ ⲁⲩⲱ [ⲉⲥϣⲉ]

ϫⲉ ⲛ̄ⲙⲙⲉϥ ⲟⲩⲁⲉ̣ⲉⲧ̄ϥ ⲧⲙ̣[ⲁⲍⲥ̄ⲛⲧⲉ]

ⲛ̄ⲇⲉ ⲕⲁ[ⲧ]ⲁ̣ ⲑⲉ ⲛ̄ⲧⲁ⟨ⲥ⟩ ⲡⲉ [ⲛⲧⲁⲥ]

25 ⲱⲣϥ ⲁⲃⲁⲗ ⲙ̄ⲙⲁ⟨ⲥ̄⟩ ⲟⲩⲁⲉ̣[ⲉⲧⲥ̄ ⲍ̄ⲛ ⲧ]

ⲙⲁⲍϥⲧⲟⲉ ⲉϥϣⲟⲟⲡ ⲍ̄ⲛ ⲧ[ⲙⲁⲍϣ]

ⲙ̄ⲛⲧϣⲉⲥⲉ ⲁϥϣ̄ⲣ̄ⲡ ⲉⲓⲛ[ⲉ ⲙ̄ⲙⲁϥ ⲟ]

ⲩⲁⲉⲉⲧ̄ϥ ⲁⲩⲱ ⲍ̄ⲛ ⲧⲙⲁⲍⲥ̄ⲛ[ⲧⲉ ⲁϥⲟⲩ]

ⲱⲛⲍ ⲁⲃⲁⲗ ⲙ̄ⲡⲉϥⲟⲩⲱϣⲉ [ⲁⲩⲱ]

30 ⲍ̄ⲛ ⲧⲙⲁⲍϥⲧⲟⲉ ⲁϥⲡⲱⲣϣ [ⲁⲃⲁⲗ]

ⲙ̄ⲙⲁϥ ⲟⲩⲁⲉⲉⲧ̄ϥ · ⲛⲉⲉⲓ ⲙ̄ⲙⲉⲛ ⲟ̣[ⲩⲛ̄]

ⲧ⟨ⲉ⟩ϥ ⲉⲧⲛⲟⲩⲛⲉ ⲙ̄ⲡⲧⲏⲣ̄ϥ ⲙⲁⲣⲛ̣[ⲉⲓ]

ⲛ̄ⲇⲉ ⲁⲍⲟⲩⲛ ⲁⲡⲉϥⲟⲩⲱⲛⲍ ⲁⲃ[ⲁⲗ]·

ⲁⲩⲱ ⲧⲉϥⲙⲛ̄ⲧⲭⲣⲏⲥⲧⲟⲥ ⲙ̄ⲛ ⲧⲉϥⲍ̣[ⲓⲏ]

35 ⲛ̄ⲉⲓ ⲁⲡⲓⲧⲛ̄ ⲙ̄ⲛ ⲡⲧⲏⲣ̄ϥ ⲉⲧⲉ ⲡⲉⲉⲓ

ⲡⲉ ⲡϣⲏⲣⲉ ⲡⲓⲱⲧ ⲙ̄ⲡⲧⲏⲣ̄ϥ ⲁⲩ

ⲱ ⲡⲛⲟⲩⲥ ⲙ̄ⲡⲡⲛⲉⲩⲙⲁ ⲛⲉⲩⲛ̄

[ⲧ]ⲉϥ ⲛ̄ⲅⲁⲣ ⲙ̄ⲙⲉⲩ ⲙ̄ⲡⲉⲉⲓ ⲁⲧⲉⲍⲏ ⲙ̄

---

p. 23 ⟨κΓ⟩ cod ne porte pas de pagination — 18 a] gushing [spring] Turner — 19 π¹ difficilement lisible sur pap et facsimile, peut-être lettre recommencée — 20 ⲥ clairement lisible sur pap — 22⟨ⲥ⟩:ϥ cod // trace apparente du ⲓ sur facsimile: fibre ↑ cassée sur pap et simple trace d'encre sur fibre → — 24 ⟨ⲥ̄⟩:ϥ cod

<23>
[17 lignes manquent]
...[   ]
...Telle [est donc la R]acine [du Tout]
20 et la Monade° [sans] qu'il y eut [personne a-]
vant lui. Or° la deu[xième source° est] celle qui
existe dans le S[i]lence° et qui par[le]
avec lui seul.
Et° c'est de la même manière° que la [deuxième (Dyade)]
25 s'est étendue elle-mê[me dans la]
Tétrade. Alors qu'il était dans la trois-
cent-soixanti[ème], il s'émana d'abord
lui-même et dans la deuxième il manifesta sa volonté [et]
30 dans la quatrième il s'étendit
lui-même. Si° ces choses [appar]tiennent
à la Racine du Tout, essayons de [pé]nétrer
pour notre part° dans sa révélation,
son excellence, sa
35 [des]cente et dans le Tout, à savoir
le Fils, le Père du Tout et
le *Noûs* de l'Esprit°,
car° il possédait celui-ci avant

⟨ⲕⲁ⟩

[16 lignes manquent]

[. . . . .]ⲛⲉ[.]

[. . . .]ⲡⲓ[. . . . . .] ⲉⲡ[ⲉⲓ]ⲇⲏ ⲟⲩⲡⲏ

[ⲅⲏ ⲡⲉ] ⲡⲉⲉⲓ [ⲡⲉ]ⲧⲟⲩⲱⲛ̅ ⲁⲃⲁⲗ ⲡⲉ

20 [ϩ̅ⲛ ⲥⲓ]ⲅⲏ· ⲁⲩ[ⲱ ⲡ]ⲉ̣ ⲛⲟⲩⲥ ⲙ̅ⲡⲧⲏⲣϥ̅

[ⲛⲉϥ]ϣⲟⲟⲡ ϩ̅ⲛ ⲟⲩⲙⲁϩϭⲛ̅ⲧⲉ ⲙ̅ⲛ

[ⲡⲱⲛ̅]ϩ ⲛ̅ⲧⲁϥ̣ ⲛ̅ⲅⲁⲣ ⲡⲉ ⲡⲣⲉϥ̣ⲧⲉⲩ

[ⲟ ⲙ̅]ⲡ[ⲧ]ⲏⲣϥ̅ ⲁⲩⲱ ⲑ[ⲩ]ⲡⲟⲥⲧⲁⲥ[ⲓ]

[ⲥ ⲛⲁⲙⲉ] ⲙ̅ⲡⲉⲓⲱⲧ ⲉⲧⲉ ⲧ[ⲉ]ⲉⲓ ⲧⲉ ⲙ̣[ⲉ]

25 [ⲩⲉ ⲛⲁⲙⲉ]̣ ⲁⲩⲱ ϭⲓⲛ̅ⲛ̅ⲧϥ̅ ⲁⲡⲓⲧⲛ̅ ⲙ̅

[ⲙⲉⲩ ⲁ]ⲡⲥⲁ ⲛ̅ⲡⲓⲧⲛ̅ ⲛ̅ⲧⲁⲣⲉϥⲟⲩⲱϣⲉ

[ⲛ̅ⲇⲉ] ⲡϣ̅ⲣⲡ ⲛ̅ⲉⲓⲱⲧ ⲁϥⲟⲩⲁⲛϩϥ̅ ⲙ̅

[ⲙⲉⲛ] ⲉϩⲣⲏⲓ̈ ⁽˙˙⁾ ⲛ̅ϩⲏⲧϥ̅ ⲉⲡⲉⲓ ⲟⲩⲛ ⲉⲧⲃ

[ⲏⲧϥ̅] ⲡⲟⲩⲱⲛ̅ϩ ⲁⲃⲁⲗ ϣⲟⲟⲡ ⲙ̅ⲡ

30 [ⲧ]ⲏⲣ[ϥ̅] ⲉⲉⲓϫⲟⲩ ⲇⲉ ⲙ̅ⲙⲁϥ ⲁⲡⲧⲏⲣϥ̅

ϫⲉ ⲡⲟⲩⲱϣⲉ ⲙ̅ⲡⲧⲏⲣϥ̅ ⲁϥϫⲓ ⲇⲉ ⲙ̅

ⲡ̣ⲙⲉⲩⲉ ⲛ̅ⲧⲙⲓⲛⲉ ⲉⲧⲃⲉ ⲡⲧⲏⲣϥ̅ ⲉⲉⲓ

[ⲙ̅]ⲟⲩⲧⲉ ⲙ̅ⲙⲁⲥ ⲁⲡⲙⲉⲩⲉ ϫⲉ ⲡⲙⲟⲛⲟ

ⲅⲉⲛⲏⲥ ⲡⲛⲉⲩ ⲛ̅ⲅⲁⲣ ⲁⲡⲛⲟⲩⲧⲉ ⲛ̅

35 ⲧⲙⲏⲉ ⲡⲉⲧ̣ ⲉⲁⲩ ⲛ̅ⲧⲛⲟⲩⲛⲉ ⲙ̅ⲡ

ⲧⲏⲣϥ̅ ⲉⲧⲃⲉ ⲡⲉⲉⲓ ⲛ̅ⲧⲁϥ ⲡⲉ ⲛ̅ⲧⲁϥ

ⲟⲩⲁⲛϩϥ̅ ⲁⲃⲁⲗ ⲟⲩⲁⲉⲉⲧϥ̅ ϩ̅ⲙ ⲡⲙⲟ

ⲛⲟⲅⲉⲛⲏⲥ ⲁⲩⲱ ⲛ̅ϩⲣⲏⲓ̈ ⲛ̅ϩⲏⲧϥ̅

ⲁϥⲟⲩⲱⲛ̅ϩ ⲁⲃⲁⲗ ⲙ̅ⲡⲁⲧϣⲉϫⲉ ⲁ

---

p. 24 ⟨ⲕⲁ⟩ cod ne porte pas de pagination — 21 ⲛ³ tache à cause d'un défaut du pap — 23 trace d'encre au-dessus de ⲡ et de ⲧ // ⲓ trace sur fibre ↑ — 24 ⲉ⁵ trace invisible sur pap — 28 simple ⲓ au lieu de ⲓ̈ sur pap et facsimile — 30 rien de ⲧ¹ sur pap

< 24 >

[16 lignes manquent]

[   ]...[   ]

[   ]..[   ] pu[is]qu'[o] [Il est] une

sour[ce[o]] qu[i] se manifeste

20   en [Si]lence[o] et [qu'Il] est le *Noûs* du Tout.

[Il] demeur[ait] en deuxième lieu avec

[la Vie], car[o] il est celui qui projette

le T[o]ut et l'h[y]posta[se[o]]

[authentique] du Père, à [sa]voir [la]

25   [Pensée authentique] et sa descente

[dans] le lieu inférieur. Quand ($+\delta\acute{\epsilon}$) il voulut,

le Père primordial se révéla ($+\mu\acute{\epsilon}\nu$)

en lui. Aussi[o], puisque[o] c'est par

[lui] que la révélation existe pour le

30   T[ou]t, j'appelle alors[o] le Tout

le désir du Tout et[o] il eut

une telle Pensée au sujet du Tout que

j'appelle la Pensée le Mono-

gène, car[o] maintenant Dieu a apporté

35   la Vérité, celui qui glorifie la Racine du

Tout. C'est pourquoi c'est Lui qui

s'est révélé Lui-même dans le Mo-

nogène[o] et en lui

Il a révélé l'Ineffable

<ⲕⲉ>

[16 lignes manquent]

[.].[. . . . .]. . .[. .]

[.]ⲛⲓ[. . . . .] ⲧⲙⲏⲉ̣ [ⲁⲩ]

ⲛⲉⲩ ⲁⲣ[ⲁ]ϥ ⲉϥϣ[ⲟⲟⲡ ϩ̣]ⲛ ⲧⲙⲱ[ⲛⲁⲥ ⲁⲩ]

20 ⲱ ϩ̄ⲛ ⲧⲁ̣ⲩⲁⲥ ⲙ̄[ⲛ ϩ̣]ⲛ ⲧⲧⲉⲧⲣⲁ̣[ⲥ ⲁϥ]

ϣⲣ̄ⲡ ⲛ̄ⲉⲓⲛⲉ ⲁⲃⲁ[ⲗ] ⲙ̄ⲡⲙⲟⲛ[ⲟⲅⲉⲛⲏⲥ]

[. . . . .]ⲁⲩⲱ ⲡϩⲟⲣⲟⲥ [ⲡⲉ ⲡⲣⲉ]

[ϥⲡⲱⲣϫ ⲁ]ⲃⲁⲗ ⲙ̄ⲡⲧⲏⲣϥ̄ [ⲙⲛ ⲡⲣⲉϥⲧⲁⲭⲣ]

[ⲟ ⲙ̄ⲡⲧⲏⲣ]ϥ̄ ⲉⲩϣⲟⲟⲡ ⲛ̄[. . . . .]

25 [. . . . .]. . ϣⲉ .[. . . . .]

[. . . . . .]ⲉⲡⲉ . . . [. . . . .]

[. . . .]

[. . . .]

[. . . . .].[. . . . .]

30 [.]ⲛ̄ⲧ .[. . . . .] ⲁⲧ[ϣⲉϫ]ⲉ ⲁⲣ.[. . .].[. .]

.ⲧ̣[. . . . .] ⲙ̄ⲡⲧⲏⲣϥ̄ ⲁⲩⲱ ⲡⲧⲁⲭⲣ[ⲟ ⲡⲉ]

ⲙⲛ [ⲑⲩ]ⲡⲟⲥⲧⲁⲥⲓⲥ ⲙ̄ⲡⲧⲏⲣϥ̄ ⲡⲕ[ⲁ]

ⲧⲁⲡ[ⲉⲧⲁⲥ]ⲙⲁ ⲛ̄ϭ̣ⲓ[ⲅⲏ] ⲡⲁⲣⲭⲓⲉ

ⲣⲉⲩ[ⲥ ⲛⲁⲙⲉ ⲡ]ⲉ ⲡ[ⲉⲉⲓ ⲡⲉ ⲡⲉⲧⲟ]ⲩ[ⲛ̄ⲧⲉ]

35 ϥ ⲉⲧⲙⲛ̄ⲧⲉϩⲟⲩⲥⲓⲁ ⲛ̄ⲃⲱⲕ ⲁϩⲟⲩⲛ ⲁ

ⲡ̄ⲉⲧⲟⲩⲁⲁϥ̄ ⲛ̄ⲛⲉⲧⲟⲩⲁⲁϥ̄· ⲉϥⲟⲩ

[ⲱ]ⲛ̄ϩ· ⲙⲙⲉⲛ ⲁϩⲟⲩⲛ ⲙ̄ⲡⲉⲁⲩ ⲛ̄

[ⲧⲉ ⲛ]ⲁ̣ⲓⲱⲛ ⲉϥⲉⲓⲛⲉ ⲛ̄ⲇⲉ ⲁⲃⲁⲗ ⲛ̄ⲧ

ⲭⲟⲣⲏⲅⲓⲁ ⲁⲥϯⲥⲛⲟⲩⲃⲉ ⲧⲁⲛⲁⲧⲟⲗⲏ

---

p. 25 ⟨ⲕⲉ⟩ cod ne porte pas de pagination — 20 papyrus cassé — 22 [ⲙⲛ ⲡϩⲟⲣⲟⲥ]
Turner — 25-29 fragment de gauche du facsimile à descendre aux l. 30-34 du pap — 26
[ⲙⲉⲩ]ⲉ ⲡⲉ Turner — 30 ⲙⲡϣ[ⲏⲣⲉ] ⲁⲧ[ϣⲉϫ]ⲉ ⲁⲣⲏ[ⲭϥ? Turner — 30-34 lignes
déplacées à droite sur pap de quelque 10 mm

< 25 >
[16 lignes manquent]

[   ]   [   ]
[.]. .[   ]la Vérité; [ils]
[le] virent demeu[rant dans] la Mo[nade° et]
20   dans la Dyade° [et dans] la Tétra[de°; il]
produisit d'abord le Mon[ogène°   ]
[. . .] et la Limite° [est]
[ce qui sépare] le Tout [et la confirmation]
[du Tout], puisqu'ils sont[   ]
25   [   ]cent[   ]
[   ]. . . .[   ]
[   ]
[   ]
[   ].[   ]
30   [.] . . .[   ]in[effable   ]
.[. . .]au Tout et [il est] la confirmati[on]
et [l'hy]postase° du Tout, le
[voile] de Si[lence°], le Grand-Prêtre°
[authentique], ce[lui qui a]
35   le pouvoir° d'entrer dans
le Saint des Saints, révé-
[la]nt d'une part°, la gloire
[des] Éons°, apportant, d'autre part°,
l'abondance° à l'odeur. L'Orient°

‹ⲕ ̄ⲋ ̄›

[15 lignes manquent]

[..........ⲉⲧⲉ ⲡⲉⲉⲓ ⲡⲉ ⲛ̄ⲍ̄ⲣ]
[ⲏ̈] ⲛ̄ⲍ̄ⲏ[ⲧ̄ϥ̄ ⲡⲉⲉⲓ ⲡⲉ ⲛ̄]ⲧ̣[ⲁ] ̄
[ⲍ̄]ⲁ̣ϥⲟⲩⲁⲛ̄[ϩ̄ϥ̄ ⲁⲃⲁⲗ ⲟⲩ]ⲁ̣[ⲉⲉⲧ]ϥ ⲉⲡ
[ⲍ̄]ⲁ̣ⲅⲓⲟⲛ ⲙ̄[ⲡϣⲁⲣⲡ] ⲁⲩⲱ [ⲡ]ⲉ̣ⲍⲟ ⲙ̄

20 [ⲡⲧⲏ]ⲣ̄ϥ̄ ⲁⲩⲱ [ⲁϥ]ⲉⲙⲁⲍ̣ⲧⲉ ⲙ̄ⲡⲧⲏ
[ⲣ̄ϥ̄ ⲡ]ⲉ̣ⲧⲭⲁⲥⲓ [ⲉⲡ]ⲧ̣ⲏⲣⲫ̄ ⲛ̣ⲉ̣ⲉ̣ⲓ ⲛ̄ⲇⲉ ⲁ ̄
[ⲩⲁⲓⲧⲉⲓ] ⲡⲉⲭⲣⲏ[ⲥⲧ]ⲟⲥ ⲁ[ⲛ̄ⲉⲓ ⲁⲩⲱ ⲁⲛ̄ⲧⲉⲕ]
[ⲙ̄ⲙⲟⲩ] ⲛ̄ⲑⲉ ⲛ̄ⲧⲁⲩⲧⲉⲕ̣ [ⲙ̄ⲙⲟⲩ]
[ⲍⲁ ⲧⲉϥⲍⲏ] ⲛ̄ⲛ̄ⲉⲓ ⲁ̣ⲡ[ⲓⲧⲛ̄......]

25 [.....] ⲁⲣⲁ̣ϥ ⲭⲉ[..........]
[.................]
[.................]
[.................]
[.............]..[.....ⲁ̄ϩ]

30 [ⲟⲣⲁⲧ]ⲟⲥ ⲁⲣ[ⲁⲩ.] ⲉⲉϥ[ϭ ̄ⲱ ϩ̄ⲙ̄] ⲡⲍ̄ⲟ
ⲣⲟⲥ ⲁⲩⲱ ⲟⲩⲛ̄ⲧⲉϥ̣ ⲙ̄ⲙ[ⲉⲩ] ϥⲧ̄ⲟⲉ
ⲛ̄ϭⲁⲙ ⲟⲩⲣⲉⲥⲡⲱⲣⲭ̄ ⲁ[ⲃⲁⲗ ⲙ̄ⲛ̄ ⲟ]ⲩⲣⲉⲥ
[ⲧ]ⲁ̣ⲭⲣⲟ ⲟⲩⲣⲉ`ⲥ`ϯ ⲙⲟⲣⲫ[ⲏ ⲁⲩ]ⲱ ⲟⲩ
ⲣ[ⲉⲥⲭⲡⲉ ⲟⲩⲥⲓⲁ ⲁⲛⲟⲛ ⲟⲩⲁⲉⲉⲧ]ⲛ̣

35 ⲙ̄ⲙⲉⲛ ⲉⲉⲓϣ ⲡⲉ ⲛⲁ ̄ⲣ̇ⲛⲟⲉⲓ ⲛ̣̄
ⲛⲉⲩⲡⲣⲟⲥⲱⲡⲟⲛ ⲙ̄ⲛ̄ ⲡⲭⲣ̣ⲟⲛⲟⲥ
ⲁⲩⲱ ⲛ̄ⲧⲟⲡⲟⲥ ⲛⲉⲉⲓ ⲛ̄ⲧⲁⲍⲁ̣ⲛ
ⲉⲓⲛⲉ ⲁⲣⲭⲟⲩ ⲁⲃⲁⲗ ⲭⲉ ⲁⲍⲟⲩⲥⲟ̣[..]

---

p. 26 ‹ⲕ ̄ⲋ ̄› cod ne porte pas de pagination — 23-27 fragment de droite du facsimile à descendre aux l. 30-34 du pap — 24 ⲡ barre supérieure sur pap — 30-34 lignes déplacées à gauche sur pap de quelque 10 mm // invisible] to [them while he remains within Limit]. And he possesses [four] powers: a separator [and a] confirmer, a firm-provider [and a substance-provider] Turner

< 26 >
                    [15 lignes manquent]
[c'est-à-dire]
[en lui. Il est celui qui]
[s'] est révélé [lui-même comme le]
[premier s]anctuaire° et [le] trésor
20 [du Tout] et il [a] saisi le
[Tout, lui] qui est supérieur [au] Tout. Ceux-ci, pour leur part°,
[supplièrent] le Christ° de [venir et de les confirmer]
tout comme ils avaient [été confirmés]
[avant sa] desce[nte   ]
25 [   ] de lui[   ]
[   ]
[   ]
[\   ]
[in-]
30 [visi]ble° pour eux, alors qu'il [demeure dans la] Li-
mite° et il possède quatre
puissances, une de séparation, [une]
de confirmation, une de formati[on°] et une
[d'engendrement de substance°. Nous sommes] certes° [les seuls]
35 à pouvoir connaître
leur présence°, le temps°
et les lieux° que les
ressemblances ont fixés parce qu'elles

< κ̄ζ̄ >

[16 lignes manquent]

[. . . . .] εζ[. . .]

[. . . . .]ν̄cεω

[. . . . . αв]αλ ζ̄ν̄ νιм[α]

20 [. . . . .] . ταγαπн̄

[. . . . .]παζτ αвαλ [ζ̄ν̄]

[. . . . . . . .π]πληρωμα τн̄[р̄]ч̄

[. . . . . . .] πει 6ω р̄ζγπ[ομε]

[νει ν̄ογα]ειω νιм αγω[. . . .]

25 [. . . . . . .] και гαρ αв[αλ. . .]

[. . . . .]π̄ογαειω[. . . . .]

[. . . . .]ει ζογο . [. . . .]

[. . . . .] αв[αλ . . . . .] . [. .]

[. . . . α]гαποτ[α]c̣ται м̣π̄ч̣[ν]

30 [α6 . . ετ]вε εγ ṇ̄λε χε ογρεc

[πωρ]χ̣ ạвαλ м̄ν ογρεcταχρο

[м]ν̄ ογρεcχπε ογcια м̄ν ογρεc

[† м]ορφн ν̄θε ν̄ταζαζ̄νκαγε

[χοογ] cεχογ ν̄гαρ м̄μᾱ̄ч̄ απζο

35 [ро]c χε [ογ]ντε ̄ч̄ м̄μεγ ν̄6αμ

[ν̄c]ν̄τε ο[γρε]cπωρ⟨χ⟩ αвαλ αγω

[ο]γρεc[τα]χρο επει cπωρχ м̄

[π]вγ[θοc] αвαλ ζ̄ν̄ ⟨ν̄⟩αιων χεκα

---

p. 27 ⟨κ̄ζ̄⟩ cod ne porte pas de pagination — 22 н̄² trace des deux hampes — 23 ı trace microscopique extrémité inférieure n'est qu'un trou (fibre arrachée) — 34-38 fragment replacé sur pap cf facsimile p. 79 n° 7 // For [they] say concerning [Limit] that it has two powers, [a] separator and [a confirmer], since it separates [Bythos] from the Aeons, in order that [. . .] Turner — 35 τ écrit sur un λ

<27>

[16 lignes manquent]

```
     [                    ] . . [    ]
     [                    et ils[    ]
     [               ]de ces lieu[x]
20   [                 ]l'amour°[    ]
     [                 ]émaner [de]
     [          le] Plérôme° ent[ier]
     [               ]cette persistance de[meure]
     [tou]jours et[                    ]
25   [          ]car aussi°[          ]
     [          ]le temps[            ]
     [       ] plus [                  ]
     [            ] . . [       ] . [       ]
     [               ]son [grand a]mour°.
30   Et° pour[quoi] une force qui
     [sépare], une qui confirme,
     une qui engendre une substance° et une qui
     [produit une for]me° comme d'autres
     [l'ont dit]? Ils disent en effet° au sujet de la Li-
35   [mite° qu'elle a de]ux puissances,
     une [qui] sépare et
     [une] qui [con]firme, puisqu'elle sépare
     [l'Abî]me° des Éons°, afin que
```

< ΚΗ >

[ΑС . . . .]

[16 lignes manquent]

[. .]Є[. . . . .]

.ΝΤ[. . . . .]

ΝЄЄΙ Ϭ[Є. . . . .]

20   ЄΙ N̄ΟΥΒ[ΥΘΟС. . . . .]

[. .] Ν[.]˙ Μ̄ΠΒ[ΥΘΟС. . . . .]

[Γ]ΑΡ [. . .]ΤΜΟΡΦΗ . .[. . . . . .]

[. . . .]ΝЄ Μ̄ΠΙѠΤ N̄Τ[ΜΗЄ. . . .]

[. .ΧΟ]ΟС ΧЄ ΠЄΧΡΗ[СΤΟС. . .]

25   [. . . . .]Є ΠЄ ΠΝЄΥΜ̣[Α. . . . . .]

[. . . . . .] Μ̄ΠΜΟΝ[ΟΓЄΝΗС. . . .]

[. . . .Π]ЄΤ[Ο]ΥΝΤ[Єϥ. . . . . .]

[. . . . . .] . . . .[. . . . .]

[ℨΟ]ΥΟ [. . . . . .]Ѡ[Ο]Ọ̄Π[. . . . .]

30   Ạ[Ν]ΑΓΚΑΙΟΝ ΑΤΡΝ̄[ѰΙΝЄ ℨN̄]

ΟΥѠΡΧ N̄ℨΟΥΟ Μ̄Ν̄ [ℨN̄ ΟΥϬѠ]

N̄СΑ ΝΓΡΑΦΑΥЄΙЄ ΑΥѠ [N̄СΑ ΝЄΤ]

ΤЄΥΟ N̄N̄ΝΟΗΜΑ ЄΤΒЄ Π[ЄЄΙ]

N̄ΓΑΡ СЄΧΟΥ Μ̄ΜΑ[Υ] N̄Ϭ[Ι. . . .]

35   ΝΑΡΧΑΙΟС ΧЄ N̄ΤΑ[ℨΟΥ]ΤЄΥ[Ο Μ̄ΜΑΥ]

ΑΒΑΛ ℨΙΤΜ̄ ΠΝΟΥΤ̣[Є] ΜΑΡ[N̄]

Μ̄ΜЄ N̄ΔЄ ΑΤЄϥΜ[NΤ]Ρ̄ΜΜ[Α]

Ο N̄ΤΑΤϬΝ ΡЄΤ̄С Α[ϥΟΥ]ѠѰ[Є]

---

p. 28 ⟨ΚΗ⟩ cod ne porte pas de pagination — 35-38 fragment replacé sur pap cf facsimile p. 80 n° 7 // the ancients say, «[They] were proclaimed by God». Let us know his unfathomable richness! He [wanted. . .] Turner

< 28 >
[   ]
                    [16 lignes manquent]
[   ]
[   ]
[Or] ceux-ci[   ]
20 d'A[bîme°   ]
[   ]de l'A[bîme°   ]
[C]ar°[   ]la forme° . .[ ]
[   ]du Père de la [Vérité]
[di]re que le Chr[ist°   ]
25 [   ]est l'Espri[t°   ]
[   ]au Mon[ogène°   ]
[   ]qui [a   ]
[   ] . . .[   ]
[gra]nd[ê]tre[   ]
30 [n]écessaire° que nous [recherchions avec]
une grande assiduité et [avec persévérance]
les Écritures° et [ceux qui]
proclament les idées°. [C'est] pourquoi,
en effet°, il est dit che[z   ]
35 les Anciens° qu'elles [ont été pro]clamées
par Dieu. Reconnais[sons],
de notre côté, sa rich[esse]
insondable. Il a vou[lu]

<κθ>

[16 lignes manquent]

[. . . . .].·[. .]

[. . . . .]ε̣γλε

[. . . . .]н пλ†

20   [. . . . . м]п̣[ε]ϥϣωπε

[. . . . .]ρε м̄π̣[ε̣]γвιος

[. . . . . .сεбω]ϣ̣τ ϩ̄ν [ογ]ωρ̄x̄

[ατεγвι]βλον ν̄τгν̄ωсιс`[αγ]

[ω н̄сεбωϣ̄τ] ν̄λε αϩογν α[п]ε̣ι̣н[ε]

25   [. . . н̄νογ]ερнγ α̣τετ[ρас εт̄м̄]

[мαγ αстε]γο αвα̣[λ] ν[тε]т[ρ]

[ас εтε тεει тε] м̄п̣λο̣[гос м̄ν] мпω

[ν]ϩ̣ [м̄ν прωмε м̄ν т]ε̣κκ̣[λн]

[с]ια[. . . . . .]. α̣п̣[ατx̄па]ϥ тεγο

30   αвα[λ м̄пλ]огос м̄[ν п]ωνϩ· пλο

гос м̄[мε]ν [α]п̣ε̣αγ м̄[п]ατϣε

xε α[γω] пων̄ϩ ν̄λε απεαγ н̄

тсι[гн]`прωмε ν̄λε̣ απεϥε

α̣γ [м̄м]ιν м̄мαϥ тε[κ]κλнсια

35   ν̄λε [α]п̣εαγ ν̄тмнε тεει бε

тε тт[ετρ]α̣с ετογxпо м̄мас

κατα [пτα]ν̄τ̄ν̄ ν̄{п̣̄}†ατx̄па{ϥ}с

α̣γω [т]тετρас εϣαρογxпас

<29>

[16 lignes manquent]

```
        [                           ]
        [                      ]...
        [                      ]...
20      [              ]il [ne] devint pas
        [                  ]de l[e]ur vie°
        [              ils regar]dent avec diligence
        [leur li]vre° de la connaissance° [et]
        [ils regardent], d'autre part°, dans [l']imag[e]
25      [    des uns] des autres. [Cette Té]t[ra-]
        [de° engen]dra la [Té]t[ra-]
        [de°, c'est-à-dire] le Lo[gos° et la Vie],
        [ainsi que l'Homme et l']Ég[li]
        [s]e°[          ]. L'[Inengendr]é produisit
30      [le L]ogos° e[t la] Vie. Le Lo-
        gos°, d'une part°, (est) [pour] la gloire de l'Inef-
        fable et la Vie, d'autre part°, pour la gloire
        du [Si]lence°, l'Homme (+δέ) pour sa
        propre gloire et° l'Église°
35      [pour] la gloire de la Vérité. Telle est donc
        la T[étra]de° qui est engendrée
        d'après [la ressem]blance de l'Inengendré
        et [la] Tétrade° est engendrée
```

⟨ⲗ⟩

[15 lignes manquent]

[.]. ⲛ̄[ⲇⲉⲕⲁ.............ⲁ]
ⲃⲁⲗ ⳨ⲙ̄ [ⲡⲗⲟⲅⲟⲥ ⲙ̄ⲛ ⲡⲱⲛⳅ...]
ⲁⲩⲱ ⲧⲁ̣[ϣⲇⲉⲕⲁⲥ ⲧⲁⲃⲁⲗ ⳨ⲙ̄ ⲡⲣⲱ]
ⲙⲉ ⲙ̄ⲛ ⲧⲉⲕ̣ⲕ̣[ⲗⲏⲥⲓⲁ ⲁⲥϣⲱⲡⲉ ⲛ̄]
20 ⲧⲣⲓⲁⲕ[ⲟ]ⲛⲧⲁⲥ [ⲧⲉⲉⲓ ϭⲉ....ⲛ]
[ⲧ]ⲁⲥϣ̣[ⲱ]ⲡⲉ ⲛ̄ⲙ[ⲟⲛⲟⲥ ⲁⲩⲱ ⲧⲉⲉⲓ ⲛ]
[ⲧⲁ]ⲥⲉ[ⲓ ⲁ]ⲃⲁⲗ ⳨ⲛ̄ⲕ̣ⲟ̣ⲓ̣[ⲛⲱⲛⲟⲥ ⲛⲉ]
[ⲥⲉ]ⲡ̣ⲏ̣ⲧ ⲁⳅⲟⲩⲛ ⲛ̄ⲕⲟ[ⲓⲛⲱⲛⲟⲥ .]
[....ⲥ]ⲉⲉⲓ ⲁⲃⲁⲗ ⲛ̄[ⲙⲟⲛⲟⲥ.]
25 [ⲁ]ⲩ[ⲱ.] ⲛ̄.[ⲁⲓ]ⲱ[ⲛ..........]
ⲡⲟⲣ[ⲭ...] ⲛ̣ⲓⲁⲧϣ[ⲁⲡⲟⲩ....]
ϭⲱ[ϣ]ⲧ ⲁⳅⲟⲩⲛ ⲁⲡⲛⲟⲩ]ⲥ
ⲉⲡⲉⲓ [ⲡⲉⲉⲓ ⲡⲉ ⲟⲩ]ⲁⲧ[ϣⲁⲡϥ ⲉϥ]ϣⲱ[ⲡⲉ]
⳨ⲙ̄ ⲡⲡ̣[ⲗⲏⲣ]ⲱⲙⲁ ⲁⲩ[ⲱ ⲁⲥ]ⲉ̣ⲓ̣ⲛ̣ⲉ̣
30 ⲙ̄ⲙⲉⲛ ⲁ̣ⲃⲁ̣ⲗ ⲛ̄ϭⲓ [ⲧ]ⲁ̣[ⲉⲕⲁⲥ ⲧⲁⲃⲁ[ⲗ]
⳨ⲙ̄ ⲡⲗⲟ[ⲅ]ⲟⲥ ⲙ̄ⲛ ⲡⲱϣ[ⲛ]ⳅ ⲛ̄ⳅ̄ⲛ
ⲇⲉⲕⲁ ⳨ⲱⲥ ⲁⲧⲣⲉⲡⲡⲁ[ⲏⲣ]ⲱⲙⲁ
ϣⲱⲡ[ⲉ] ⲛ̄ⲟⲩⳅⲉⲕⲁⲧⲟⲛ[ⲧⲁⲥ ⲁⲩⲱ
ⲧⲁϣⲁ[ⲉ]ⲕⲁⲥ ⲧⲁⲃⲁⲗ ⳨ⲙ̄ ⲡⲣⲱⲙ[ⲉ]
35 ⲙ̄ⲛ ⲧⲉⲕⲕⲗⲏⲥⲓⲁ ⲁⲥⲉ[ⲓⲛⲉ] ⲁⲃⲁⲗ ⲁⲥ[ⲣ̄]
ⲡⲙⲁⲁⲃ ⳨ⲱⲥ ⲁⲧⲣⲉ[ϣⲙⲛ̄]ⲧϣⲉ
ⲥⲉ ϣⲱⲡⲉ ⲛ̄ⲡⲡⲗⲏ[ⲣⲱ]ⲙⲁ ⲛ̄ⲧ
ⲣⲁⲙⲡⲉ ⲁⲩⲱ ⲧⲣⲁⲙⲡ[ⲉ] ⲙ̄ⲡⲭⲁⲉⲓ

---

p. 30 ⟨ⲗ⟩ cod ne porte pas de pagination — 16-21 fragments supérieurs relevés d'une ligne sur pap — 24-27 They flee from] the Aeons [and the Uncontainable Ones. And] the Uncontainable Ones, [once they had] looked [at them, glorified Mind] — 27-38 fragment droit repoussé à droite de 5 mm sur pap

< 30 >

[15 lignes manquent]

[.] . les [Dix   ]
du [Logos° et de la Vie   ]
et la D[odécade° de l'Hom]
me et de l'Ég[lise° devint]
20   trente°. [Or celle   ]
qui est [de]venue [seule° et celle]
[qui est sortie] sont par[tenaires°],
[ils] entrent comme par[tenaires°]
[ils] sortent [seuls°   ]
25   [et   ]les [É]o[ns°   ]
sépar[er]. . . les Insai[sissables   ]
re[gardent vers le *Noû*]s
puisqu'[il est un] In[saisissable qui est]
au [Plér]ôme° et,
30   d'une part°, les D[ix]° qui proviennent
du Lo[g]os° et de la Vie produisirent des
Dix°, de sorte que° le Pl[ér]ôme
devin[t] un cen[t°] et
la Dod[é]cade° qui vient de l'Homme
35   et de l'Église° [apporta] (et) fit
les Trente, et que° les [360]
devinrent le Plé[rô]me° de
l'année et l'anné[e] du Seigneur

<ΛΑ>

[ⲥ. . . . .]

[13 lignes manquent]

15 [. . . . .].[. .]

[. . . . . ϫⲏⲕ ⲁ]ⲃⲁ[ⲗ]

[. . . . .]ⲛ̣ⲑ̣[ⲉ]

[ⲛ̄. . . . . ⲧⲉⲗⲉ]ⲓⲟⲥ[.]

[. . . . . ⲧ]ⲉⲗⲉⲓⲟⲛ[.]

20 [. . . . .]. ⲕⲁⲧⲁ ⲫ.[.]

[. . . . .]ⲙ̣ⲡⲉⲁⲩ[.]

[. . . . . ϩⲟ]ⲣⲟⲥ ⲁⲩⲱ

[. . . . .]ϩⲟⲣ̣ⲟ[ⲥ. .]

[. . . . .]ⲙⲉ[. . .]

25 [. . . . .].[. . .]

[1 ligne manque]

[. . . . .]ⲙ̣ⲉⲅⲉ[ⲑ]

ⲟ̣ⲥ̣[. . . . . ⲙ]ⲛ̄ ϯⲙ̄[ⲛ]

ⲧⲭⲣ[ⲏⲥⲧⲟⲥ. . . . . . ⲙ̄ⲙ]ⲁϥ ⲡϣ

30 ⲱⲛ[ϩ. . . . . . .].[. . . .]ϣⲱⲡ ϩⲓ

ⲥⲉ ϥ[. . . . .]ⲉ.[. . .]ⲧⲏ ϩⲓⲧ̄ⲙ

ⲫⲟ ⲧ̣[. . . .]ⲉⲓ[. . .]ⲛ̣ⲁϩⲣⲉ

ⲡⲡ[ⲗⲏⲣⲱⲙ]ⲁ ⲡ[ⲉⲉⲓ ⲡ]ⲉ ⲛ̄ⲧⲁϥⲟⲩ

ⲁ̣ϣ̣[ϥ. . . ⲁⲩ]ⲱ ⲁϥⲟⲩⲱϣⲉ

35 ⲁⲃⲱ[ⲕ ⲁⲃⲁⲗ ⲙ̄ⲡ]ⲙⲁϩⲙⲁⲁⲃ ⲉⲉϥ

ϣⲟⲟⲡ [ⲛ̄ⲥⲩⲍⲩⲅ]ⲟⲥ ⲙ̄ⲡⲣⲱⲙⲉ ⲙⲛ̄

ⲧⲉⲕⲕⲗ[ⲏⲥⲓⲁ] ⲧⲉⲉⲓ ⲧⲉ ⲧⲥⲟⲫⲓⲁ ⲁⲣ̄

ⲧⲡⲉ ⲙ̄[ⲡⲙⲁⲁⲃ ⲁⲩⲱ] ⲛ̄ ⲡⲡⲗⲏⲣⲱⲙⲁ

p. 31 ⟨ΛΑ⟩ cod ne porte pas de pagination — 23 ⲟ² difficile — 26 ligne manquante — 28-38 fragments gauches déplacés d'une lettre à gauche — 30].[nouveau fragment sur pap — 31 ⲉ² nouveau fragment sur pap — 32 ⲉⲓ nouveau fragment sur pap

< 31 >

[   ]
[13 lignes manquent]

15 [   ] . . .
    [p]arfait°[   ]
    [   ]selon
    [par]fait°[   ]
    [   ] . . . p]arfait° [   ]
20 [   ]selon° . [.]
    [   ]la gloire
    [Li]mite° et
    [   ]Limit[e° . .]
    [   ] . . [   ]
25 [   ] . [. . .   ]
                        [1 ligne manque]
    [   ]Gran-
    [deur°   et] l'Ex-
    cel[lence°   lu]i la
30 Vie[   ]souf-
    frir[   ] [   ]par
    le visage[   ]en présence
    du P[lérôm]e°, [lui] qui
    a voulu[et] il a voulu
35 quit[ter le] trentième qui est
    [une syzyg]ie° de l'Homme et
    de l'Ég[lise°], c'est-à-dire la Sophia° pour
    dépasser [les trente et] porter le Plérôme°

⟨ΛΒ⟩

[13 lignes manquent]

[·]·[··················]
15 ΟΥ[···················]
ⲡ̄ϥ[···················]
ⲛ̄ⲁ[ⲉ···············ⲁⲩ]
ⲱ ⲁⲥ·[··············]
ⲅⲟⲥ ⲉⲧⲉ[·············]
20 ⲛⲓⲁ ⲙ̄ⲛ̄[··············]
ⲛ̄ⲅⲁⲣ ⲁ[···············]
ⲙ̄ⲡⲧ[ⲏⲣ̄ϥ············]
[·]·ⲙ[···············]
[··]·ⲟ·[··············]
25   [1 ligne manque]
ⲫⲟ[··················]
ⲁⲩⲣ̄·[················]
ⲛ̄ⲁⲉ[···········ⲛⲉ]ⲉ̣ⲓ ⲉ
ⲧⲟⲩⲡ[············] ⲡⲧⲏ
30 ⲣ̄ϥ ⲛ̄ϩ[·············]ϥ̣ ⲁⲩ
ⲱ ⲛ̄ⲧⲁϥ[····]·[·······]ⲉⲁϥ
ⲉⲓⲣⲉ ⲛ̄ⲧ[····]ⲡ[·····ⲡ]ⲙⲉⲩ
ⲉ ⲙ̄ⲛ̄ ⲛ̄[····]··[·····ⲡⲡⲗ]ⲏⲣⲱ
ⲙⲁ ϩⲓⲧⲙ̄ ⲡ[ⲗ]ⲟⲅⲟ̣[ⲥ····]ⲛ̄ⲧⲉϥ
35 ⲥⲁⲣⲝ̄ ⲛ̣ⲉⲉⲓ 6ⲉ [ⲛⲉ ⲉⲧⲟⲩ]ⲉ̣ⲓ̣ⲛ̣ⲉ̣
ⲙ̄ⲙⲁⲩ ⲛ̄ⲧⲁⲣⲉⲡ[ⲗⲟⲅⲟⲥ] ⲉⲓ ⲁϩⲟⲩⲛ
ⲁⲣⲁⲥ ⲕⲁ⟨ⲧ⟩ⲁ ⲑⲉ [ⲛⲧⲁⲓ]ϣⲣ̄ⲡ̄ ⲛ̄
ⲭⲟⲟⲥ ⲁⲩⲱ ⲡ[ⲱⲧ ⲁⲧ]ⲡⲉ ϣⲁ
ⲡⲁⲧϣⲁⲡ̄ϥ ⲁ[ϥⲉⲓⲛⲉ] ⲁⲃⲁⲗ ⲛ̄

< 32 >

[13 lignes manquent]

     [   ] . [   ]
15   . . . [   ]
     son[   ]
     mais°[et]
     elle . [   ]
     . . . [   ]
20   . . . et[   ]
     car° . [   ]
     du [Tout   ]
     [.] . . [   ]
     [.] . . [   ]
25   [1 ligne manque]
     le visage[   ]
     ils . [   ]
     mais°[ce]ux
     qui[   ]le
30   Tout[   ]et
     il[   ] . [   ]après qu'il
     eut fait[la] Pensée
     et . [   ] . . . [le Plé]rô-
     me° par le Logo[s°   ]sa
35   chair°. Ceux-ci donc [sont ceux qui] leur ressemblent.
     Après que le [Logos°] fut entré en
     elle, comme° [j'ai] dit auparavant,
     et [fut mon]té vers
     l'Insaisissable, il pro[duisit]

< λг >

[10 lignes manquent]

[.............м̄]ⲡⲁⲧⲟⲩ
[.............]ⲁⲃⲁⲗ ⲛ̄
[..........]ⳍⲁⲡ̄ϥ ⲁ[.]
[.......ⲡⲥ]ⲩⳅⲩⲅⲟⲥ ⲁⲩ
15 [........].ⲧⳓⲓⲛⲏⲥⲓⲥ ⲙ̄ⲛ̄
[...]ⲉⲩ[...]ⲧⲉⲩⲟ ⲁⲃⲁⲗ ⲙ̄ⲡⲉ
[ⲭ]ⲣⲏ̣ⲥⲧⲟ̣[ⲥ....]ⲣⲉ̣ ⲁⲩⲱ ⲛ̄ⲥⲡⲉⲣ
ⲙⲁ ⲛ̄[...........]ⲃ ⲛ̄ⲡⲱϣⲉ
ⲭⲉ [.].[.ⲛ̄ⳍⲩⲡⲟⲧⲩⲡ]ⲱⲥⲓⲥ ⲙ̄ⲡⲱ̄
20 ⲱϥⲧ ⲁ[ⲩⲕⲁⲧⲁⲗⲅⲉ ⳍ̄ⲛ ⲟ]ⲩⲙ̄ⲛ̄ⲧⲧⲉ
ⲗⲉⲓ[ⲟⲥ ⲉⲡⲉⲓⲇⲏ ⲟ]ⲩⲙⲟⲣⲫⲏ ⲛ̄ⲧⲉ
ⲗⲉ[ⲓⲟⲥ ⲧⲉ ⲉⲥⲛⲁ]ⲃⲱⲕ ⲁⲧⲡⲉ ⲁⳍⲟⲩⲛ
[ⲡⲡⲗⲏⲣ]ⲱⲙ[ⲁ] ⲙ̄ⲡⲉϥⲟⲩⲱϣ[ⲉ]
[......]ⲣ̄ ⲉⲩⲇⲟⲕⲉⲓ ⲙ̄ⲛ̄ ⲡ̄ⳍⲓⲥⲉ
25 [ⲁⲗⲗⲁ ⲁⲩ]ⲣ̄ ⲕ̄ϣⲗⲅⲉ ⲙ̄ⲙⲁϥ ⲁⲩⲱ [ⲁ]
ⲩ[ⲣⲕⲱ]ⲗ̣ⲅⲉ ⲙ̄ⲙⲁϥ ⳍⲓⲧ̄ⲛ̄ [ⲡ]ⳍⲟ
ⲣⲟⲥ [ⲉ]ⲧⲉ ⲡⲉⲉⲓ ⲡⲉ ⳍⲓⲧ̄ⲛ̄ ⲡ[ⲥ]ⲩⳅⲩ
ⲅⲟⲥ ⲉⲡⲉⲓⲇⲏ ⲧⲉⲥⲇⲓⲟⲣⲑⲱⲥⲓⲥ ⲛⲁ
ϣⲱⲡⲉ ⲉⲛ ⳍⲓⲧ̄ⲛ̄ ⲗⲁⲩⲉ ⲉⲓ ⲙⲏⲧⲓ
30 ⳍⲓⲧ̄ⲛ̄ ⲡ̄ϣⲏⲣⲉ ⲙ̄ⲙⲓⲛ ⲙ̄ⲙⲁϥ
ⲡⲉⲉⲓ ⲉⲧⲉ ⲡⲱϥ ⲧⲏⲣϥ̄ ⲡⲉ ⲡⲡⲗⲏ
ⲣⲱⲙⲁ ⲛ̄ⲧⲙ̄ⲛ̄ⲧⲛⲟⲩⲧⲉ ⲁ̄ϥ̄ⲣⳍⲛⲉϥ
ⲛ̄ⳍⲣⲏ̈ ⲛ̄ⳍⲏⲧϥ̄ ⲥⲱⲙⲁⲧⲓⲕⲱⲥ
ⲁⲕⲱⲉ ⲛ̄ⲛⳓⲃⲁⲙ ⲁⲩⲱ ⲁϥⲉⲓ ⲁⲡⲓⲧ̄ⲛ̄
35 ⲛⲉⲓ ⲛ̄ⲇⲉ ⲁⳍⲁⲧⲥⲟⲫⲓⲁ ϣⲁⲡⲟⲩ
ⲛⲧⲁⲣⲉϥⲡⲱⲧ ⲁⲧⲡⲉ ⲁⲃⲁⲗ ⲛ̄
ⳍⲏⲧ̄ⲥ̄ ⲛ̄[ⳓⲓ] ⲡⲉⲥϣⲏⲣⲉ ⲁⲥⲥⲟⲩ
ⲱⲛ [ⲭⲉ] ⲉⲣⲉⲥϣⲟⲟⲡ ⳍ̄ⲛ ⲟⲩ

p. 33 ⟨λг⟩ cod ne porte pas de pagination — 19-20 nail wound Turner — 24 [at all] Turner

< 33 >
[10 lignes manquent]

[   ]avant qu'ils
[   ]de
[   ]le cacher [de]
[la s]yzygie° et
15 [   ]le mouvement° et
[. . .]. .[   ]envoyer le
[C]hrist°[   ] . . . et les se-
mences°.[   ]de la Croix
puisque [.] . [les emprein]tes° de la fau-
20 te [disparurent°] com-
plète[ment°. Puisque° c'est une] forme°
par[faite° qui doit re]monter au
[Plér]ôm[e°], il n'a pas voulu
[   ]accéder° à la souffrance,
25 [mais°] il [fut] retenu°. Et
il fut [rete]nu° par [la] Li-
mite°, c'est-à-dire par la [s]yzy-
gie°, puisque sa (*sc.* de la Sophia) correction°
n'arrivera par personne si ce n'est°
30 par son Fils lui-même
qui possède totalement le Plé-
rôme° de la divinité. Il lui a plu
lui-même corporellement°
d'installer les Puissances et il descendit.
35 Et° la Sophia° endura ces choses
après que son Fils fut remonté
loin d'elle. Elle sut
[qu']elle demeurait dans un

‹ λ̅λ̅ ›

[9 lignes manquent]

10　....[............ ⲍ̅ⲛ̅ ⲟⲩⲍⲱ]
　　ⲧ̅ⲣ̅ ⲁⲩⲱ [ⲍ̅ⲛ̅ ⲟⲩⲁⲡⲟⲕⲁⲧⲁⲥⲧⲁⲥⲓⲥ ⲁⲩ]
　　ⲗⲟ· ⲧⲟⲩ·[................]
　　[·]ⲉ ⲛ̅ⲛ̅ⲥⲛ̲[ⲏⲩ............]
　　ⲛⲉⲉⲓ ⲙ̅ⲡⲉⲡ[...........]
15　ⲁ̅ⲍ̅ⲓ̅ⲱⲱⲡⲉ[............]....
　　ⲉⲩ ⲍ̅ⲱⲟⲩ ⲛⲉⲉ̣[ⲓ ⲛⲉ.....].ⲥⲙ·ⲙ̅
　　ⲙ[ⲉ]ⲛ̣ ⲁ̅ϥⲗⲟ ⲧⲉ[....]ⲛ̅ⲇⲉ ⲁϥⲉ̣[ⲓ]
　　ⲙ̅ⲛ̅ ⲛ̅ⲉⲉ̣[ⲓ.............].ⲙ̅
　　ⲙⲁⲥ ⲛⲉⲉ̣[ⲓ ⲛⲉ ⲛ̅ⲧⲁⲩⲛ]ⲁⲩ ⲁⲣⲁ̈ⲓ
20　ⲡⲉ ⲛⲉⲉⲓ ⲉ̣ⲧ̣ⲟ̣ⲩ[ⲕⲱⲧⲉ ⲙ̅ⲙⲏ]ⲉⲓ ⲛ̅
　　ⲧⲁ̅ⲍ̅ⲓ̅ⲙⲕⲙⲟⲩ·[......]ⲉⲓ ⲡⲉ̣
　　[ⲙ]ⲟ̣ⲩ ⲁⲩⲗⲟ ⲧⲉⲩ·[........]ⲁ̣ⲥ
　　[ⲁⲩ]ⲱ ⲁⲥⲣ̅ⲙⲉⲧ[ⲁ]ⲛⲟ[ⲉⲓ ⲁⲩⲱ ⲛ̅ⲥ]
　　ⲁⲓⲧⲉⲓ ⲙ̅ⲡⲓⲱⲧ ⲛ̅ⲧⲙ[ⲏⲉ ⲉⲥϣⲉϫⲉ]
25　ⲙ̅ⲙ̣ⲁⲥ ⲉⲥⲧⲱ ⲁ̅ⲍ̅ⲓ̅ⲃ[ⲱⲕ ⲁⲃⲁⲗ ⲍ̅]
　　ⲙ̅ ⲡ̣ⲁⲥⲩ̅ⲍ̅ⲩⲅⲟⲥ ⲉⲧⲃⲉ̣ [ⲡⲉⲉⲓ ⲧ̅ϣⲟⲟⲡ ⲙ̅]
　　ⲡⲃⲁⲗ ⲛ̅ⲡⲕⲉⲧⲁⲭⲣⲟ ⲧ̅ⲙ̅ⲡϣⲁ
　　ⲛ̅ⲛⲉⲉⲓ ⲉⲧ̅ϣⲟⲡ ⲙ̅ⲙⲁⲩ ⲛⲉ
　　ⲉⲓϣⲟⲟⲡ ⲡⲉ ⲍ̅ⲙ̅ ⲡⲡⲗⲏⲣⲱⲙⲁ
30　ⲉⲉⲓⲧⲉⲅⲟ ⲁⲃⲁⲗ ⲛ̅ⲛⲁⲓⲱⲛ ⲁⲩⲱ
　　ⲉⲉⲓⲧ̅ ⲕⲁⲣⲡⲟⲥ ⲙ̅ⲛ̅ ⲡⲁⲥⲩ̅ⲍ̅ⲩⲅⲟⲥ
　　ⲁⲥⲥⲟⲩⲱⲛ̅ⲥ̅ ⲛ̅ⲇⲉ ϫⲉ ⲛⲉⲟⲩⲉⲩ ⲧⲉ
　　ⲁⲩⲱ ⲉⲩ ⲡⲉⲛⲧⲁϥϣⲱⲡⲉ ⲙ̅
　　ⲙⲁⲥ ⲁⲩϣ̅ⲡ̅ ⲍ̅ⲓⲥⲉ ϭⲉ ⲙ̅ⲡⲉⲥⲛⲉⲩ
35　ⲡⲁϫⲉⲩ ⲥ̅ⲥ̅ⲱⲃⲉ ⲉⲡⲉⲓ ⲁⲥϭⲱ ⲟⲩ
　　ⲁⲉⲉⲧ̅ⲥ̅ ⲁⲩⲱ ⲁⲥⲧⲁⲛⲧ̅ⲛ̅ ⲙ̅ⲡⲁⲧ
　　ϣⲁⲡϥ ⲡⲁϫⲉ‹ⲩ› ⲥ̅[ⲣⲓⲙ]ⲉ̣ ⲛ̅ⲇⲉ ⲉⲡⲉⲓ
　　ⲁⲥϣⲁⲁⲧ̅ⲥ̅ ⲁⲃⲁⲗ [ⲍ̅ⲙ̅ ⲡ]ⲉ̣ⲥⲥⲩ̅ⲍ̅ⲩ

p. 34 ‹λ̅λ̅› cod ne porte pas de pagination — 18 aucune trace d'encre devant ⲙ² — 21-22 that I thought of [credited] me with death Turner — 35-38 they said she laughs since she remained alone and imitated the Uncontainable while he said she [laughs] since she cut herself off from her consort [...] Turner

< 34 >

                    [9 lignes manquent]

10 [dans une U-]
     nité [et une restauration°. Ils furent]
     arrêtés . . . [   ]
     les frè[res   ]
     ceux-ci. N'a pas[   ]
15 «Je suis devenue[   ] . . .
     Qui donc [sont] ceux-ci?»[   ] . . . .
     d'une part°, il arrêta . . [   ], d'autre part°, il
     vint avec ceux-[ci . . .] . . .
     elle. «Ceux-ci [sont ceux qui] m'[ont regar]dée,
20 ceux qui m'[entourent], ceux dont
     j'ai pensé[   ] . . la
     [m]ort». Ils furent arrêtés . . . [   ]
     [et] elle se re[pen]tit° [et elle]
     implora° le Père de la Vér[ité en disant] :
25 «Vu que j'ai [quitté]
     mon parèdre°, [je suis] à cause de [cela]
     exclue aussi de la confirmation, je mérite
     ce que je subis.
     Je demeurais au Plérôme°,
30 engendrant les Éons° et
     portant des fruits° avec mon parèdre°».
     Et° elle sut qui elle était
     et ce qui était advenu
     d'elle. C'est ainsi qu'ils souffrirent tous les deux.
35 On a dit qu'elle rit, vu qu'°elle est demeurée
     seule et qu'elle a imité l'In-
     saisissable ; on a dit qu'elle [pleur]e, d'autre part°, parce qu'°
     elle s'est séparée de son parè-

<ΛΕ>

[ΓΟC.....................]

[8 lignes manquent]

10 [Γ]Α[Ρ Ι]Ḥ͞Ϛ[......M͞N] ΤСΟΦΙᾳ
M͞MΕΝ ΑΥϬΩΛ[Π M͞ΠСΩ]ΩΝΤ· ΕΠ[ΕΙ]
ΟΥΝ N͞СΠΕΡΜᾳ [N͞ΤС]Οῌ̣ΦΙΑ СΕΟΕ[Ι]
N͞ΑΤΧΗΚ ΑΒΑ[Λ ΑΥ]Ω NΑΜΟΡΦ[ΟС]
ΑΙΗ[С.].ΕΠΙΝ[ΟΕΙ N͞]ΟΥΚΤΙСΙС N͞[†]

15 ΜΙ[ΝΕ] ᾳϥСῲ[ΩΝΤ] M͞MΑϥ N͞N
СΠΕΡΜΑ ΕΡ[ΕΤС]Οῌ̣ΦΙΑ Ρ̄ ϨΩϥ̄ N͞M
ΜΕϥ· ΕΠΕΙ N͞[ΕΕΙ] N͞СΠΕΡΜΑ ΝΕ
ΑΥΩ M͞N [ΜΟΡΦΗ] M͞MΑΥ ΕϥΕΙ Α
ϨΡᾳ[Ϊ ΑΥΩ N͞ϥΕΙΝΕ] ΑΒΑΛ ΜΠΙ

20 ΠΛΗΡ[ΩΜΑ N͞ΤΕ] Ν[ΑΙ]ΩΝ ΕΥM͞ Π
ΤΟΠ[Ο]Ϛ [N͞ΤΕ Π]Ϛ̣ΩΩΝΤ· ϨΩС
ΝῊ [ΑΙΩΝ Ν]ᾳ̣ ΠΤΥΠΟС M͞Π[Π]
[Λ]Ῠ[Ρ̄ΩΜ]ᾱͅ M͞N ΠΙΩΤ ΠΙΑΤῶ[Ε]
[ΧΕ M͞MΑϥ Α]ΠΑΤСΩΩΝΤ M͞MΕΝ ᾳ[Ι]

25 [ΝΕ M͞ΠΤΥ]ΠΟС M͞ΠΑΤСΑΑΝΤϥ
[....Α]ΒΑΛ N͞ΓΑΡ ϨM͞ Πᾳ̣ΤСᾳ̣
ᾳ̣ΝΤϥ ΕΡΕΠΙΩΤ ΕΙΝΕ ΑΒΑΛ Α
ϨΟΥΝ ΑΤΜΟΡΦΗ ΠСΩΩΝΤ N͞
ΔΕ ΘΑΕΙΒΕС ΤΕ N͞ΝΕΤῶΡΠ̄ N͞

30 ϢΟΟΠ ΠΕΕΙ ϬΕ ΙḤ͞С ΑϥСΩ
ΩΝ͞Τ N͞ΤΚΤΙСΙС ΑΥΩ Αϥ∆ΗΜΙ
ΟΥΡΓΕΙ ΑΒΑΛ ϨΝ͞ ΝΠΑΘΟС ΕΤM͞
ΠΚΩΤΕ N͞NСΠΕΡΜΑ ΑΥΩ Αϥ
ΠΩΡᾱͅ M͞MΑΥ ΑΒΑΛ N͞ΝΟΥΕΡῊΥ

35 ΑΥΩ N͞ΠΑΘΟС ΕΤСΑΤ͞Π ΑϥN͞ΤΟΥ
ΑϨΟΥΝ ΑΠΠΝΕΥΜΑ ΝΕΘΑΥ
N͞ΔΕ Αϩ[Ο]ῩΝ ΑΝСΑΡΚΙΚΟΝ· ϢΑ
ΑΡΠ ϬΕ [ΑΒ]ᾳ̣Λ ϨΝ͞ ΝΙΠΑΘΟС ΤΗ

---

p. 35 <ΛΕ>/cod ne porte pas de pagination — 13 ω sur pap? — 20 ΠΛΗΡ[ΩΜΑ fragment replacé sur pap cf facsimile p. 79 n° 24 — 21 ΤΟΠ[Ο]Ϛ fragment replacé sur pap cf facsimile p. 79 n° 24 // ᾳ²⁻³ réécrits sur ωω — 35 ϥ réécrit sur une autre lettre

<35>

[dre⁰   ]

[8 lignes manquent]

10 [En] ef[fet]⁰, [J]ésus et la] Sophia⁰
(+ μέv) révélè[rent la créatu]re. Vu⁰,
de fait⁰, que les semences⁰ [de la S]ophia⁰ sont
imparfaites [et] sans for[me⁰],
Jésu[s] con[çut⁰] une créature⁰ de [cette]

15 [sor]te, il la cr[éa] des
semences⁰ en collaboration avec [la S]ophia⁰.
Puisqu'⁰e[lles] sont des semences⁰
et qu'elles n'ont pas [de forme⁰], il
descendit [et il produisit] ce

20 Plér[ôme]⁰ des [Éo]ns⁰ qui sont dans le
lieu⁰ [de la] créature, comme si⁰
ces [Éons⁰ étaient] le modèle⁰ du
[P]l[érôm]e⁰ et du Père ine[f-]
[fable]. L'Incréé (+ μέv)

25 [produisit le mo]dèle⁰ de l'Incréé,
car⁰[   ]c'est de l'Incréé que le Père apporte
la forme⁰. Mais⁰ la créature
est une ombre des êtres préexis-

30 tants. De plus, ce Jésus créa
la créature⁰ et façon-
na⁰ à partir des passions⁰ qui
entourent les semences⁰, et il
les sépara les unes des autres,

35 et les passions⁰ supérieures il les produisit
dans l'Esprit⁰, et⁰ les mauvaises,
dans ce qui est charnel⁰.
Or, en premier lieu, parmi [tou]tes les passions⁰

<ⲗⳓ>

[ⲣⲟⲩ. . . . .]

[6 lignes manquent]

ⲡⲉⲓ[. . . . .]

ⲟⲩⲧⲉ ⲡ[. . . . .] . . . .

10 ⲙ̄ⲙⲁϥ [ⲉⲡⲉⲓ ⲟ]ⲩⲛ ⲧⲡⲣⲟⲛⲟⲓⲁ

ⲁⲥ† ⲁ̣ⲃ̣ⲁ̣ⲗ [ⲛ̄ⲇⲓⲟ]ⲣ̅ⲑⲱⲥⲓⲥ ⲁⲧⲉⲩ

ⲟ̣ ⲁⲃⲁⲗ ⲛ̄ϩ̣[ⲛ̄ϩⲁ]ⲉⲓⲃⲉⲥ̣ ⲙ̄ⲛ ϩ̄ⲛ

ϩⲓⲕⲱⲛ ⲛ̄[ⲛⲉⲓ ⲛ̄ⲧⲁⲩ]ϣⲟⲟⲡ [ⲭⲓⲛ]ⲛ̄

ϣⲁⲣⲡ ⲙ̄ⲛ [ⲛⲉⲉⲓ ⲉⲧⲟⲩ]ϣⲟⲟ[ⲡ ⲁⲩ]ⲱ

15 ⲛⲉⲧⲛⲁϣⲟⲟ[ⲡ ⲛ̄]ⲉⲉⲓ ⲟ[ⲩⲛ ⲛⲉ] ⲧⲟⲓ

ⲕⲟⲛⲟⲙⲓⲁ ⲛ̄[ⲧⲉ ⲡ]ⲡⲓⲥⲧⲉⲩⲉ ⲙ̄ⲙ[ⲁ]ⲥ

ⲛ̄ⲓⲏ̄ⲥ ⲉⲧⲃⲉ [ⲡⲉⲉⲓ ⲛ̄]ⲧ̣ⲁ̣ϥⲥϩⲉⲉⲓ ⲙ̄

ⲡⲧⲏⲣϥ̄ ⲙ̣[ⲛ̄ ϩⲛ̄ⲧⲁⲛⲧⲛ ⲙ]ⲛ ϩⲛ

ϩⲓⲕⲱⲛ ⲙ̣[ⲛ̄ ϩⲛ̄ϩⲁⲉⲓⲃ]ⲉⲥ ⲛ̄

20 ⲧⲁⲣⲉϥⲉⲓⲛ̣ⲉ̣ ⲁ̣[ⲃⲁⲗ ⲙ̄ⲙⲁⲩ] ⲛ̄ϭⲓ·

ⲓⲏ̄ⲥ ⲁϥⲉⲓⲛⲉ ⲁ[ⲃⲁⲗ. . .] ⲙ̄

ⲡⲧⲏⲣϥ̄ ⲛⲁⲡⲉ[ⲡ]ⲗⲏ[ⲣⲱⲙⲁ]

ⲙ̄ⲛ ⲡⲥⲩⲍⲩⲅⲟⲥ ⲉⲧⲉ ⲛ̣[ⲉⲉⲓ ⲛⲉ ⲛ̄]

ⲁⲅⲅⲉⲗⲟⲥ ϩⲁⲙⲁ ⲅⲁⲣ ϩ̣[ⲓ̅ⲧ̅ⲛ̅ ⲧⲉⲡⲓ]

25 ⲭⲱ̣[ⲣ]ⲏⲥⲓⲥ ⲙ̄ⲡⲡⲗⲏ̣[ⲣⲱⲙⲁ ⲁ]

ϩⲁ̣ⲡⲉⲥⲥⲩⲍⲩⲅⲟⲥ ⲧ[ⲉ]ⲅ̣ⲟ [ⲁⲃⲁⲗ]

ⲛ̄ⲛⲁⲅⲅⲉⲗⲟⲥ ⲉϥϣⲟⲟⲡ ϩ̄ⲙ

ⲡⲟⲩ̣ⲱ̣ϣⲉ ⲙ̄ⲡⲓⲱⲧ· ⲡⲉⲉⲓ ⲛ̄

ⲅⲁⲣ ⲡⲉ ⲡⲟⲩⲱϣⲉ ⲙ̄ⲡⲓⲱⲧ ⲁ

30 ⲧ̄ⲙ̄ⲧⲣⲉⲗⲁⲩⲉ ϣⲱⲡⲉ ϩⲛ ⲡ

ⲡⲗⲏⲣⲱⲙⲁ ⲟⲩⲱ̣ⲛ ⲥⲩⲍⲩⲅⲟⲥ

ⲛ̄ⲟⲩⲱ̣ϣⲉ ϭ̣ⲉ ⲙ̄ⲡⲓⲱⲧ ⲡⲉ

ⲧⲉ̣ⲅⲟ ⲁⲃⲁⲗ ⲛ̄ⲟⲩⲁⲉⲓⲛ̣ϣ̣ ⲛⲓⲙ

ⲁⲩⲱ † ⲕⲁⲣⲡⲟⲥ· ⲁⲧⲣⲉⲥϣ̄ⲡ̄

35 ϩ̣ⲓⲥⲉ ϭⲉ ⲛ̇ⲉⲡⲟⲩⲱϣⲉ ⲉⲛ

ⲙ̄ⲡⲓⲱⲧ ⲡⲉ· ⲉⲥϣⲟⲟⲡ ⲛ̄ⲅⲁⲣ

ⲛ̄ϩⲣⲏⲓ̈ ⲛ̄ϩⲏⲧⲥ ⲟⲩ̣ⲁ̣ⲉⲉⲧ ⲟⲩ

ϣ̄ⲛ̄ ⲡⲉⲥⲥⲩⲍⲩ[ⲅⲟ]ⲥ̣ ⲙⲁⲣⲛ̄

p. 36 ⟨ⲗ⟩ cod ne porte pas de pagination — 19 ⲉⲥ fragment replacé sur pap cf fac simile p. 80 n° 24 — 20 ⲛ² fragment replacé sur pap cf facsimile p. 80 n° 24 — 27 ϩⲙ trace d'encre du trait vocalique sur pap

< 36 >
[   ]
              [6 lignes manquent]
...[   ]
ni°[   ]
10   lui [puisque°, après tout°], la Pronoia°
apporta [la cor]rection° pour
produire des [om]bres et des
images° à [ceux qui] furent au
début, à [ceux qui] sont [et]
15   qui seron[t]. Ce[la est en effet°] l'é-
conomie° de [la] foi° en
Jésus à cause de [celui qui a] écrit
le Tout a[vec des ressemblances], des
images° [et des ombres].
20   Après que Jésus [les] eut [pro]duites,
il [pro]duisit[   ]pour
le Tout ceux du Plé[rôme]°
et de la syzygie°, [c'est-à-dire les]
anges°. Car°, au même instant, [en]
25   [ac]cord° avec le Plé[rôme°],
son (sc. de la Sophia) parèdre° [produi]sit
les anges°, vu qu'il demeure dans
la volonté du Père. Telle
est en effet° la volonté du Père,
30   que rien n'arrive [au]
Plérôme° sans syzygie°.
C'est aussi la volonté du Père de
toujours produire
et de fructifier°. Qu'elle
35   souffre n'était pas de la volonté
du Père, car° elle demeure
en elle-[même]
sans son parèdre°. Puissions-nous

<ΛZ>

[7 lignes manquent]

.[......................]

ⲛ̄ⲕⲉⲟⲩⲉ[ⲓ.............]

10 ⲡⲙⲁϩⲥⲛⲉⲩ ⲁ[..........]

ⲡϣⲏⲣⲉ ⲛ̄ⲕⲉⲟ[ⲩⲉⲉⲓ........]

ⲧⲉ ⲧⲧⲉⲧⲣⲁⲥ ⲙ̄ⲡⲕⲟⲥⲙⲟⲥ [ⲁⲩⲱ]

ⲧ[ⲧ]ⲉ[ⲧ]ⲣⲁⲥ ⲁⲥⲧⲉⲩⲟ ⲁⲃⲁⲗ ⲛ̄ⲕ[ⲁⲣ]

ⲡ[ⲟ]ⲥ ϩⲱⲥ ⲟⲩϩⲉⲃⲇⲟⲙⲁⲥ ⲧ[ⲉ]

15 ⲡⲡ[ⲗ]ⲏⲣⲱⲙ[ⲁ ⲛ̄ⲧⲉ] ⲡⲕⲟ[ⲥ]ⲙ̣[ⲟⲥ ⲁϥ]

ⲉⲓ ⲛ̄ⲇⲉ ⲁϩ[ⲟⲩⲛ ⲁϩ]ⲛ̄ϩ[ⲓⲕⲱⲛ]

ⲙ̄ⲛ ϩⲛⲉ[ⲓⲇⲟⲥ ⲙ̄ⲛ ϩ]ⲛⲁⲅ[ⲅⲉⲗⲟⲥ]

ⲙ̄ⲛ ϩⲛⲁⲣ[ⲭⲁⲅⲅⲉⲗ]ⲟⲥ ϩ̄[ⲛ̄ⲛⲟⲩ]

ⲧⲉ ⲁⲩⲱ ϩⲛ̄[ⲗⲏ]ⲧⲟⲩ[ⲣⲅⲟⲥ]

20 ⲛ[ⲉ]ⲉ̣[ⲓ ⲧ]ⲏⲣⲟⲩ ⲛ̄ⲧⲁⲣⲟⲩ[ϣⲱ]

ⲡ[ⲉ ϩⲓ]ⲧ̄ⲛ ⲧⲡⲣⲟⲛⲟⲓⲁ.[....]

ⲗ[....]ⲉⲣ ⲛ̄ⲓⲏⲥ ⲉϥ[....]

[ⲁⲩ]ⲱ ⲛ̄ⲛ̄ⲥⲡⲉⲣⲙⲁ ⲛ̣[....]

[...]ⲙ̄ⲡⲙⲟⲛⲟⲅⲉⲛⲏⲥ[..]

25 [.ⲛ̄]ⲛ̣ⲉ̣ⲁⲩ ⲙ̄ⲙⲉⲛ ϩ̄ⲙ [ⲡⲛⲉⲩ]

[ⲙⲁ]ⲧⲓⲕⲟⲛ ⲛⲉ ⲁⲩⲱ ⲛ̄ⲥ[ⲁⲣ]ⲕ̣ⲓ

ⲕⲟⲛ ⲛ̄ⲛⲉⲑⲛ̄ ⲧⲡⲉ ⲙ̄[ⲛ] ⲛⲉⲧ

ϩⲓⲝ̄ⲙ ⲡⲕⲁϩ ⲁϥⲧⲁⲙⲓⲟ ⲛⲉⲩ

ⲛⲟⲩⲧⲟⲡⲟⲥ ⲛ̄ⲧⲙⲓⲛⲉ ⲁ̣ⲩⲱ

30 ⲟⲩⲥⲭⲟⲗⲏ ⲛ̄ⲧⲙⲓⲛⲉ ⲁϩ[ⲟ]ⲩⲛ ⲁⲩ

ⲥⲃⲱ ⲁⲩⲱ ⲁ⟨ϩ⟩ⲟⲩⲛ ⲁⲩⲙⲟⲣⲫⲏ

ⲁϥⲣ̄ ⲁⲣⲭⲉⲥⲑⲁⲓ ϭⲉ ⲛ̄ϭⲓ ⲡⲉⲉⲓ

ⲇⲏⲙⲓⲟⲩⲣⲅⲟⲥ ⲁⲧⲁⲙⲓⲟ ⲛ̄ⲟⲩ

ⲣⲱⲙⲉ ⲕⲁⲧⲁ ⲧⲉϥϩⲓⲕⲱⲛ ⲙⲉⲛ

35 ⲕⲁⲧⲁ ⲡⲓⲛⲉ ⲛ̄ⲇⲉ ⲛ̄ⲛⲉⲧϣⲟ

ⲟⲡ ϫⲓⲛⲛ̄ ϣⲁⲣⲡ ⲟⲩⲙⲁ ⲛ̄ϣⲱ

ⲡⲉ ⲛ̄ⲧⲙⲓⲛⲉ ⲡⲉⲛⲧⲁⲥ̄ⲣ̄ ⲭⲣⲱ

ⲙ̄ⲙⲁϥ̄ ⲛ̄ⲛ̄ⲥⲡⲉⲣⲙⲁ ⲛ̄ϭⲓ

p. 37 ⟨ΛZ⟩ cod ne porte pas de pagination — 12 ⲧⲉ[2] petit trou vertical sur pap — 13 ⲉ[1] trace // ⲁ[3] réécrit sur une autre lettre — 27 ⲛⲉⲑⲛ ⲧⲡⲉ cf p. 38,31

<37>
[7 lignes manquent]

.[   ]
un autre[   ]
10   le second[   ]
le fils d'un au[tre   ]
est la tétrade° du cosmos° [et]
cette [t]é[t]rade° produisit du
fru[it], comme si c'étai[t] une Hebdomade°
15   que constituait le [Plé]rôme° [d]u [mon]de°.
Et° [il] pénétra [dans d]es [images°],
des res[semblances, des] an[ges°],
des ar[changes°], d[es divini-]
[tés] et des [ministres°].
20   Lorsque [t]outes [ces choses] eurent été [produites]
par la Pronoia°[   ]
[   ]. de Jésus qui[   ]
[et] les semences° de [   ]
[   ]du Monogène°[   ].
25   En effet°, [les] gloires sont [spi-]
[ri]tuelles° et [char-]
nelles°, célestes e[t]
terrestres. Il leur fit
ainsi un lieu° et
30   une école° de
doctrine et de formation°.
De plus, il commença, ce
Démiurge°, à créer un
Homme à° son image° (+μέν)
35   et° à° la ressemblance de ceux qui
sont depuis le début. C'est une telle demeure qu'elle mit à la disposition°
des semences°, à savoir

‹ΛΗ›

[9 lignes manquent]

10 [.............]...[ΠⲰ]Ⲣ·Ҳ̅
[ⲀⲂⲀⲖ....]Ⲛ̅[Ⲛ]ⲞⲨⲦⲈ Ⲛ̅ⲦⲀⲢⲞⲨ
[.........]ⲈⲒ ⲈⲦⲂⲈ ⲠⲢⲰⲘⲈ
[Ҳ̅Ⲉ ⲠⲀ]ⲒⲀⲂ[ⲞⲖ]ⲞⲤ Ⲙ̅ⲘⲈⲚ ⲞⲨⲈⲈⲒ ⲠⲈ
Ⲛ̅ⲚⲀⲠⲚⲞⲨⲦⲈ ⲀϤⲤⲈⲄⲰ̅Ϥ Ⲁ

15 [Ⲃ]ⲀⲖ ⲀⲨⲰ ⲀϤⲦⲰⲢⲠ Ⲛ̅ⲦⲔ̣ⲢⲀⲦⲈⲒ
[Ⲁ Ⲧ]ⲎⲢⲤ̅ Ⲛ̅Ⲛ̅ⲠⲨⲖⲰⲚ Ⲁ̣[ⲨⲰ] ⲀϤ
[Ⲣ ΦⲈ]ⲢⲈⲒ Ⲁ̣[ⲂⲀⲖ Ⲛ̅ⲦⲈ]ϤⲚⲞⲨⲚⲈ Ⲙ̅
[ⲘⲒⲚ] Ⲙ̅Ⲙ̅[Ⲁ̣Ϥ ⲀⲂⲀⲖ] Ҙ̅Ⲙ ⲠⲘⲀ Ⲉ
[Ⲧ̅ⲘⲘ]ⲈⲨ Ҙ̅[Ⲛ Ҙ̅ⲚⲤⲰⲘⲀ] ⲘⲚ Ҙ̅Ⲛ

20 [ⲠⲦⲰⲘⲀ Ⲛ̅]ⲤⲀ[Ⲣ·Ҳ ⲈⲨⲂⲰ]Ϣ̅ⲖⲈ Ⲛ̅ⲄⲀⲢ Ⲙ̅
[ⲠⲢⲰⲘⲈ] Ⲙ̅ⲠⲚⲞⲨⲦⲈ Ⲁ̣[Ⲩ]Ⲱ ⲀⲠⲀ
[ⲆⲀⲘ Ҳ̅Ⲡ]ⲀϤ ⲈⲦⲂⲈ ⲠⲈⲈⲒ Ⲁ[ϤҲ̅Ⲡ]Ⲟ Ⲛ̣
[Ⲁϥ] Ⲛ̅Ⲛ̅ϢⲎⲢⲈ ⲈⲨ[Ϭ̅ⲰⲰⲚ]Ⲧ̅ Ⲛ̅
[ⲈⲨⲈⲢ]ⲎⲨ Ҙ̅ⲀⲔⲀⲒⲚ Ⲛ̣[ⲆⲈ ⲀϤⲘⲞ]Ⲩ[Ⲟ

25 [ⲨⲦ Ⲛ̅]ⲀⲂⲈⲖ ⲠⲈϤⲤⲀⲚ Ҳ̅[Ⲉ ⲀⲆⲎⲘⲒⲞ]
[ⲨⲢⲄⲞ]Ⲥ ⲄⲀⲢ ⲚⲒϤⲈ Ⲁ̅Ҙ̅ⲞⲨ[Ⲛ ⲀⲢⲀⲨ]
Ⲙ̅Ⲡ[Ⲉ]ϤⲠⲚⲈⲨⲘⲀ Ⲁ̣ϤϢ̣[ⲰⲠⲈ]
Ⲛ̅Ϭ[Ⲓ] ⲠⲘⲒϢⲈ ⲘⲚ ⲦⲀⲠⲞ̅Ⲥ̅ⲦⲀⲤⲒ
Ⲁ Ⲛ̅ⲚⲀⲄⲄⲈⲖⲞⲤ ⲀⲨⲰ Ⲧ̅Ⲙ̅Ⲛ̅ⲦⲢⲰ

30 ⲘⲈ ⲚⲀⲨⲚⲈⲘ ⲘⲚ ⲚⲀϬⲂⲞⲨⲢ Ⲙ̅[Ⲛ]
ⲚⲈⲐ̅Ⲛ ⲦⲠⲈ ⲘⲚ ⲚⲈⲦҘ̅ⲒҲ̅Ⲙ ⲠⲔⲀҘ̅
Ⲛ̅ⲠⲚⲈⲨⲘⲀ ⲘⲚ Ⲛ̅ⲤⲀⲢⲔⲒⲔⲞⲚ
ⲀⲨⲰ ⲠⲆⲒⲀⲂⲞⲖⲞⲤ ⲚⲀҘ̅Ⲣ̅Ⲛ ⲠⲚⲞⲨ
ⲦⲈ ⲈⲦⲂⲈ ⲠⲈⲈⲒ Ҙ̅ⲀⲚⲀⲄⲄⲈⲖⲞⲤ Ⲣ̅ Ⲉ

35 ⲠⲒⲐⲨⲘⲈⲒ ⲀⲚϢⲈⲈⲢⲈ Ⲛ̅ⲚⲢⲰⲘⲈ·
ⲀⲨⲰ ⲀⲨⲈⲒ ⲀⲠⲒⲦⲚ̅ ⲀⲤⲀⲢ·Ҳ Ҙ̅ⲰⲤ
ⲦⲈ Ⲛ̅ⲦⲈⲠⲚⲞⲨⲦⲈ ⲈⲒⲢⲈ Ⲛ̅ⲞⲨⲔⲀⲦⲀ
ⲔⲖⲨⲤⲘⲞⲤ ⲀⲨⲰ ⲤⲬⲈⲆⲞⲚ ⲀϤⲢ̅
Ҙ̅ⲦⲎϤ Ҳ̅Ⲉ ⲀϤⲤⲰⲚⲦ Ⲙ̅ⲠⲔⲞⲤ

---

p. 38 ‹ΛΗ› cod ne porte pas de pagination — 10 Ⲣ douteux — 16 Ⲧ]ⲎⲢⲤ encore trace
d'encre sur pap — 20 [they cover] Turner

< 38 >

[9 lignes manquent]

10 [   ] . . . [sép]arer
    [   ]Dieu. Quand ils
    [   ] . . pour l'Homme
    [puisque], de fait°, [le d]iab[le°] est un
    des êtres divins, il s'éloigna
15 et s'empara de la puissance°
    [en]tière des [por]tes° [et] il
    [arra]cha° [sa propre] racine
    [de cette] place
    da[ns des corps°] et des
20 [cadavres° de] cha[ir°], car° [ils enve]lop[pèrent]
    [l'Homme] de Dieu et A-
    [dam] l'[engendra]. C'est pourquoi [il acquit]
    des fils qui [s'irritèrent] les
    [uns contre les au]tres. [Et°] Caïn° [tua]
25 Abel son frère, par[ce que° le Démiur-]
    [ge°] insuffla en [eux]
    son esprit°. Se pro[duisit] alors
    le combat et l'ap[o]stasie°
    des anges° et de l'humani-
30 té, de ceux de la droite avec ceux de la gauche et
    de ceux du ciel avec ceux de la terre,
    des pneumatiques° avec les charnels°,
    et du diable° contre Dieu.
    C'est pourquoi les anges°
35 désirèrent° les filles des hommes
    et descendirent dans la chair°, de sorte
    que° Dieu fit se déclencher un cata-
    clysme° et aussitôt° il
    regretta d'avoir créé le cos-

<ⲗⲑ>

[ⲙⲟⲥ . . . .]

[7 lignes manquent]

[. . . ⲛ̄]ⲅⲁⲣ[. . . . .]

10   [. .]ⲥⲙ̄ⲙⲉ . [. . . . . ⲡⲥ]

[ⲩⲍ]ⲩⲅⲟⲥ ⲙ̄ⲛ ⲧⲥⲟ[ⲫⲓⲁ ⲙ̄ⲛ ⲡⲉⲥⳡⲏ]

ⲣⲉ ⲙ̄ⲛ ⲛ̄ⲁⲅⲅⲉⲗⲟⲥ ⲙ̄[ⲛ ⲛ̄ⲥⲡⲉⲣ]

ⲙⲁ · ⲡⲥⲩⲍⲩⲅⲟⲥ ⲛ̄ⲇⲉ ⲡⲧⲉ[ⲗⲉⲓⲟⲥ ⲡⲉ]

ⲁⲩⲱ ⲧⲥⲟⲫⲓⲁ ⲙ̄ⲛ ⲓ̄ⲏ̄ⲥ ⲁⲩⲱ [ⲛ̄ⲁⲅⲅⲉ]

15   ⲗⲟ[ⲥ] ⲙ̄ⲛ ⲛ̄ⲥⲡⲉⲣⲙⲁ Ⳳⲛ̄Ⳳⲓ[ⲕⲱⲛ]

ⲛⲉ [ⲙ̄]ⲡⲡⲗⲏⲣ[ⲱ]ⲙⲁ ⲡⲁ̣ⲏ̣[ⲙⲓ]

ⲟ̣ⲩⲣ̣ⲅ̣ⲟⲥ ϭⲉ [ⲁ]ϥ̣[ⲧⲉⲩⲟ Ⳳⲁⲉ]ⲓⲃⲉⲥ [ⲁⲭ̄ⲙ̄]

ⲡⲥ[ⲩ]ⲍⲩⲅⲟⲥ ⲙ̄ⲛ̣ [ⲡⲉⲡ]ⲗⲏⲣⲱⲙⲁ̣

ⲁⲩ[ⲱ] ⲓ̄ⲏ̄ⲥ ⲙ̄ⲛ · [ⲧⲥⲟⲫ]ⲓ̣ⲁ ⲙ̄ⲛ ⲛ̄[ⲁⲅ]

20   ⲅⲉ̣[ⲗⲟ]ⲥ ⲙ̄ⲛ ⲛ̄ⲥⲡ̣[ⲉⲣⲙ]ⲁ · ⲡ[ⲭⲏ]ⲕ [ⲡⲉ]

[ⲁⲡⲉⲁⲩ] ⲛ̄ⲧⲥⲟⲫⲓⲁ ⲧⳲⲓⲕ[ⲱⲛ ⲧⲉ]

[ⲁⲡⲉⲁⲩ] ⲛ̄ⲧⲙⲏⲉ ⲡⲉⲁⲩ ⲛ̣̄[ⲇⲉ]

[ⲛ̄ⲛ̄ⲥⲡⲉⲣ]ⲙⲁ̣ ⲙ̄ⲛ ⲓ̄ⲏ̄ⲥ ⲛⲁ̄ⲧ

[ⲥⲟⲫⲓⲁ ⲡⲉ] ⲡ̄ⲙⲟⲛⲟⲅⲉⲛⲏ[ⲥ ⲁ]

25   [ⲩⲱ ⲛ̄ⲁⲅⲅⲉ]ⲗⲟⲥ ⲛ̄ⲛ̄Ⳳⲁⲩⲧ ⲙ̄ⲛ

[ⲛ̄ⲥⲡⲉⲣⲙⲁ]ⲧⲓⲕⲟⲛ ⲛ̄ⲛ̄ⲥⳲⲓⲁ̣[ⲙⲉ]

[Ⳳⲛ̄ⲡ]ⲗⲁ̣ⲏⲣ[ⲱ]ⲙⲁ ⲧⲏⲣⲟⲩ [ⲛⲉ] Ⳳ[ⲟ]

ⲧⲁ̣ⲛ̣ [ⲛ̄ⲇ]ⲉ ⲉⲣⲉⳡⲁⲛⲧⲥⲟⲫⲓ̣[ⲁ ⲭ]ⲓ

ⲙ̄ⲡⲥⲥⲩⲍⲩⲅⲟⲥ ⲁⲩⲱ ⲓ̄ⲏ̄ⲥ ⲛ̄ϥ

30   ⲭⲓ ⲙ̄ⲡⲉⲭⲣⲏⲥⲧⲟⲥ ⲙ̄ⲛ ⲛ̣̄[ⲥ]ⲡⲉⲣ

ⲙⲁ ⲙ̄ⲛ ⲛ̄ⲁⲅⲅⲉⲗⲟⲥ ⲧⲟⲧ[ⲉ ⲡⲉ]

ⲡⲗⲏⲣⲱⲙⲁ ϥ̄ⲛⲁⲭⲓ ⲛ̄ⲧⲥⲟ̣ⲫⲓⲁ

Ⳳⲛ ⲟⲩⲣⲉ̄ⳡⲉ ⲁⲩⲱ ⲡⲧⲏⲣ̣[ϥ] ⲛⲁ

ⳡⲱⲡⲉ Ⳳⲛ ⲟⲩⳲⲱⲧⲣ̄ ⲁⲩ[ⲱ] Ⳳⲛ̄

35   ⲟⲩⲁⲡⲟⲕⲁⲧⲁⲥⲧⲁⲥⲓⲥ Ⳳⲙ̄ ⲡⲉⲉⲓ

ⲛ̄ⲅⲁⲣ Ⳳⲁⲛⲁⲓⲱⲛ ⲁⲩⲭⲓ ⲙ̄ⲡ

Ⳳⲟⲩⲟ ⲁⲩⲥⲟⲩⲱⲛⲟⲩ ⲛ̄ⲅⲁⲣ ⲭⲉ

ⲉⲩ ⳡⲁⲛ ⳡ ϥⲉⲓⲉ ⲥⲉ ⳡⲟⲟⲡ

ⲛ̄ⲁⲧ ⳡ ϥⲉⲓⲉ >————————

>————————

---

p. 39 ⟨ⲗⲑ⟩ cod ne porte pas de pagination — 12 ⲟ pap — 27 Ⳳ² aucune trace d'encre sur pap — 33 Ⳳ réécrit sur une autre lettre.

< 39 >

[mos°   ]

[7 lignes manquent]

[   ]car°[   ]

10   [   ]...[le]
[pa]rèdre°, la So[phia°, son]
[fils], les anges° [et les se-]
mences°. Mais° le parèdre° [est] le Par[fait]
et la Sophia° avec Jésus et [les an-]

15   ges° avec les semences° sont des im[ages°]
d[u] Plér[ô]me°. De plus, le Dé[mi-]
urge° [jeta une om]bre [sur]
la s[y]zygie° et [le P]lérôme°,
et Jésus avec [la Soph]ia° ainsi que les [an-]

20   ges° avec les se[mences°]. Le [Parfa]it° [est]
[pour la gloire] de la Sophia°, l'im[age° est]
[pour la gloire] de la Vérité. [Et°] la gloire
[des semen]ces° et de Jésus qui appartiennent à la
[Sophia° est le] Monogène° [et]

25   [les ang]es° des mâles et
[les semen]ces° des femel[les]
[sont] tous des P[lér]ômes°.
[Et°] si la Sophi[a° reçoit]
son parèdre° et si Jésus

30   reçoit le Christ°, les [se-]
mences° et les anges°, alors° [le]
Plérôme° recevra la Sophia°
joyeusement, et le Tou[t]
sera dans une Unité et

35   une restauration°. C'est en cela,
en effet°, que les Éons° ont aug-
menté, car° ils ont su que,
s'ils changent, ils sont
sans changement.

< ⲙ,1-29 >

[7 lignes manquent]

[. . . . . . . ⲱⲏ]ⲣⲉ . [. . . . .]

[. . . . .]ⲥ ⲕⲁⲧ[ⲁ . . . . . .]

10 [. . . . .]ⲡⲧⲩⲡⲟⲥ ⲛ̣[. .]

[. . . . . . .]ⲛⲉⲩ ⲁⲣⲁϥ ⲥⲱϣ̄[ⲉ ⲁⲣ]

[ⲁⲕ ⲧ]ⲉ̣ⲛ[ⲟ]ⲩ ⲁⲧⲛ̄ⲛⲁⲩ ⲙ̄ⲡⲉⲕϣ̄ⲏ̣

[ⲣⲉ ⲛⲓ]ⲏ̄ⲥ ⲡⲉⲭⲣⲏⲥⲧⲟⲥ ⲛ̄ϥ̄[ⲧ]ⲱⲣⲥ

[ⲙ̄ⲙⲁ]ⲛ ⲭⲉⲕⲁⲥⲉ ⲉⲛⲁϣ[ϭ]ⲛ

15 [ϭⲁ]ⲙ̣ ⲛ̄ⲕⲁⲧⲁⲡⲁⲧⲉⲓ ⲛ̄ⲧⲁ̣[ⲡⲉ]ⲛ̄ⲛ̄

[ϩⲟϥ] ⲁⲩⲱ [ⲛ̄ⲧⲁ]ⲡⲉ ⲛ̄ⲛⲟⲩϭⲟ̣ϭ̣ⲉ

ⲙ̣ⲛ̄ ⲧϭⲁⲙ [ⲧⲏⲣ]ϭ̣ ⲙ̄ⲡⲇⲓ[ⲁ]ⲃ̣ⲟ̣ⲗⲟⲥ

[ϥ]ⲧ̄ⲛ̄ⲧⲁ̣ⲛ̄[ⲧ ⲁⲡⲡ]ⲟ̣ⲓⲙⲏⲛ ⲛ̄ⲥⲡⲉ

[ⲣⲙ]ⲁ̣[ⲧⲓⲕ]ⲟⲥ ⲡ[ⲉ ⲁⲩⲱ] ϩⲓⲧⲟⲟⲧ̄ϥ [ⲛ̄ⲧⲁ]ϩ̄ⲛ̄

20 [ⲥⲟⲩⲱ]ϣⲛⲕ ⲁⲩⲱ ⲧⲛ̄ⲧ̄ [ⲉⲁⲩ] ⲛⲉⲕ

[ⲡⲉⲁ]ⲩ ⲛⲉⲕ ⲡⲓⲱⲧ ϩ̄ⲙ̄ ⲡ[ϣⲏⲣⲉ ⲡ]

[ⲓⲱⲧ] ϩ̄ⲙ̄ ⲡϣⲏⲣⲉ ⲡ̣ⲓ̣ϣ̣[ⲧ ϩ̄ⲛ̄ ⲧⲉ]

[ⲕⲕⲗ]ⲏⲥⲓⲁ ⲉⲧⲟⲩⲁⲁ̣ϥ [ⲙ̄ⲛ̄ ϩ̄ⲛ̄ ⲛ̄ⲁ]

[ⲅⲅⲉ]ⲗⲟⲥ ⲉⲧⲟⲩⲁⲁϥ ⲭⲓ[ⲛ̄ⲛ̄ ⲧⲉ]

25 [ⲛⲟⲩ] ϥ̄ϣⲟⲟⲡ ϣⲁ ⲁ̣[ⲛⲏϩⲉ ϩ̄ⲛ̄ ⲧ]

[ⲕ]ⲟ̣[ⲓⲛ]ϣⲛⲓⲁ ⲛ̄ⲛ̄[ⲁⲓ]ⲱⲛ [ϣⲁ ⲁ]

ⲛ̄[ⲛ]ⲏϩⲉ ϣⲁ ⲛⲓⲁⲓⲱ[ⲛ] ⲛ̄

ⲁⲧ[ⲛ̄]ⲣ̣ⲉⲧⲟⲩ ⲛ̄ⲧⲉ ⲛⲓⲁⲓⲱⲛ ϩⲁ

ⲙⲏⲛ > ─────────────────

< ⲙ,30-ⲙⲁ,38 >

30 ⲡ[ⲉⲉⲓ] ⲡⲉ ⲡⲡⲗⲏⲣⲱⲙⲁ ⲙ̄ⲡⲕⲉ

ⲫⲁⲗⲇ̣ⲓⲟⲛ ⲛ̄ⲧⲅⲛⲱⲥⲓⲥ ⲡⲉⲉⲓ

ⲛ̄ⲧ̣[ⲁ]ϩ̣ⲟⲩⲁⲛϩ̣ϥ̄ ⲛⲉⲛ ⲁⲃⲁⲗ ϩⲓ

ⲧⲛ̄ [ⲡⲉ]ⲛⲭⲁⲉⲓⲥ ⲓⲏ̄ⲥ ⲡⲉⲭⲣⲏⲥⲧⲟⲥ

ⲡⲓⲙⲟⲛⲟⲅⲉⲛⲏⲥ ⲛⲉⲉⲓ ⲛⲉ ⲛ̄

35 ⲃⲉⲃⲁⲓⲟⲛ ⲁⲩⲱ ⲛ̄ⲁⲛⲁⲅⲕⲁⲓ

ⲟⲛ ⲭⲉⲕⲁⲥⲉ ⲉⲛⲁⲙⲁϩⲉ ⲛ̄ϩ

ⲣⲏ̈ ⲛ̄ϩⲏⲧⲟⲩ ⲛⲉⲉⲓ ⲛ̄ⲇⲉ ⲛⲉ

ⲛⲁⲡϣⲁⲁⲣⲡ̄ ⲛ̄ⲃⲁⲡⲧⲓⲥⲙⲁ

---

p. 40 ⟨ⲙ⟩ cod ne porte pas de pagination — 13 ⲏ¹ aucune trace sur pap — 30 ⲡ¹ trace de trait vocalique visible sur pap — 38 ⲃ réécrit sur une autre lettre

< 40,1-29 >

[7 lignes manquent]

[f]ils[   ]
[   ]selo[n°   ]
10 [   ]le type° de
    [   ]le voir. Il [est convenable pour]
    [toi main]te[nant] d'envoyer ton
    [fils Jé]sus le Christ° et qu'il [nous oi]gne,
    afin que nous puis[sions]
15 écraser° la t[ête] des
    [serpents] et [la tê]te des scorpions
    et [toute] la puissance du di[a]ble°.
    [Il] ressemble [au b]erger de [la] se-
    [mence°, et] par lui nous
20 t'[avons connu]. Et nous te [glorifions]:
    «[Gloire] à toi, le Père dans le [Fils, le]
    [Père] dans le Fils, [le] Pèr[e dans l'É-]
    [gl]ise° Sainte [et dans les]
    [an]ges° saints. [Depuis main-]
25 [tenant] il demeure pour [toujours dans la]
    [com]munauté° des [É]ons° [jusqu'aux]
    [é]ternités, jusqu'aux Éo[n]s°
    sans trace des Éons°. A
    men»

                                    < 40,30-41,38 >

30 [Tel] est le Plérôme° du som-
    maire° de la gnose° qui
    nous [a] été révélé par
    [no]tre Seigneur Jésus° le Christ,
    le Monogène°. Ceux-ci sont
35 sûrs° et nécessai-
    res°, de sorte que nous marchions
    en eux. Et° ils sont
    ceux du premier baptême°

[9 lignes manquent de la p. 41]

10　ππ[ϣⲁⲁ]ⲣ̣π̣[. . . . .]
　　ⲃⲁⲡⲧⲓⲥⲙⲁ̇ [ⲡⲉ ⲡⲕⲱⲉ ⲁ]
　　ⲃⲁⲗ ⲛ̄⟨ⲛ̄⟩ⲛⲁⲃⲓ̣[. . . . . .ⲛ̄]
　　⟨ⲧ⟩ⲁ2ⲭⲟⲟⲥ ⲭ̣[ⲉ. . . . .]
　　ⲙ̄ⲙ[ⲁ]ⲧ̄ⲛ ⲁⲡ[. . . . . .ⲛ̄ⲛⲉ]

15　ⲧ̄ⲛ[ⲛ]ⲁⲃⲓ ππ.[. . . . .]
　　π̣[ⲉ] ⲛ̄ⲧⲩⲡⲟⲥ ⲙ̄π[. . . . .]
　　ⲅⲟ[. . .] ⲙ̄ⲡⲉⲭⲣⲏⲥⲧⲟ̣[ⲥ. . . . .]
　　ⲙ̄[π]ϣⲱϣ ⲛ̄ⲛ[. . . . . . . .ⲛ̄2ⲣⲏ]
　　ï ⲛ̄2ⲏⲧϥ ⲙ̄π[. . . . . .ⲕⲉ]

20　ⲫ[ⲁⲗⲁⲓⲟⲛ] ⲛ̄ⲅⲁⲣ ⲛ̣ⲓ̣ⲏ̣[ⲥ̣.].[. . .]
　　ⲙ̄[ⲙⲉⲛ] πϣⲁⲣⲡ̄ ⲙ̄ⲡⲃ[ⲁⲡⲧⲓⲥ]
　　[ⲙⲁ ⲡⲉⲉ]ⲓ ⲡⲉ ⲡⲕⲱⲉ̣ [ⲁⲃⲁⲗ]
　　[ⲛ̄⟨ⲛ̄⟩ⲛⲁⲃⲓ] ⲥⲉⲓⲛⲉ ⲙ̄ⲙ[ⲁⲛ ⲁⲃ]
　　[ⲁⲗ 2̄ⲛ ⲙ̄ⲙ]ⲁ̣ⲩ ⲁⲃⲁⲗ 2ⲓ̣[ⲧⲟⲟⲧϥ]

25　[ⲁ2ⲟⲩ]ⲛ ⲁⲛⲁⲩⲛⲉⲙ [ⲉⲧⲉ ⲡⲉⲉⲓ]
　　[ⲡⲉ ⲁ2]ⲟⲩⲛ ⲁⲧⲙ̄ⲛ̄ⲧ̣ⲁ[ⲧⲧⲉⲕⲟ]
　　[ⲉⲧⲉ ⲡⲉⲉ]ⲓ̣ [π]ⲉ πⲓⲟⲣⲇ̣ⲁ̣[ⲛⲏⲥ]
　　[ⲁⲗⲗ]ⲁ̣ πⲓⲧⲟⲡⲟ̣[ⲥ] ⲡ̣ⲉ [ⲁⲃⲁⲗ 2̄ⲙ]
　　[π]ⲕ̣[ⲟ]ⲥ̣ⲙⲟⲥ ⲛ̄ⲧ̣ⲉ̣[ⲉⲓⲙⲓⲛⲉ ⲁⲩ]

30　6ⲉ̣ ⲙ̄ⲙⲁⲛ ⲁⲃⲁ[ⲗ] 2̣[ⲙ ⲡⲕⲟⲥ]
　　ⲙⲟⲥ ⲁ2ⲟⲩⲛ ⲁⲡⲁⲓⲱ[ⲛ ⲑⲉ]
　　ⲣⲙⲏⲛⲓⲁ ⲅⲁⲣ ⲛ̄ï̄ⲱ2̣[ⲁⲛⲛⲏⲥ]
　　ⲡⲉ ⲡⲁⲓⲱⲛ ⲑⲉⲣⲙ̣[ⲏⲛⲓⲁ ⲛ̄]
　　ⲇⲉ ⲙ̄ⲡⲏ ⲉⲧⲉ πⲓⲟⲣⲇ̣[ⲁⲛⲏⲥ]

35　ⲡⲉ ⲧⲕⲁⲧⲁⲃⲁⲥⲓⲥ ⲉⲧ̣[. . . .]
　　ⲙⲟⲥ ⲡⲉ ⲉⲧⲉ ⲡⲉⲉⲓ̣ [ⲡⲉ π̄ⲛⲃⲱⲕ]
　　ⲁⲃⲁⲗ 2̄ⲙ ⲡⲕⲟⲥⲙⲟ̣[ⲥ ⲁ2ⲟⲩⲛ]
　　ⲁⲡⲁⲓⲱⲛ >――――――――

＞ ―――――――――――

---

p. 41 ⟨ⲙⲁ⟩ cod ne porte pas de pagination — 13 ⟨ⲧ⟩:π cod — 16 ⲩ réécrit sur ⲟ —
20 ⲫ[ⲁⲗⲁⲓⲟⲛ] un peu long? — 24 ⲙⲙ].ⲩ trace d'encre difficilement identifiable sur pap —
26 ⲁⲧⲙⲛ[ⲧⲁ fragment disparu sur pap — 28 πⲓⲧⲟⲡⲟ[ⲥ] πⲉ Emmel 271 — 30 2 petit
fragment disparu sur pap — 35 is the descent which is «the upward progression» Turner

[9 lignes manquent de la p. 41]

10 le [pre]mier[   ]
baptême° [est le rejet]
des péchés[   ]
qui a dit[   ]
vous au[   ]
15 vos péchés. Le[   ]
es[t] un modèle° de[   ]
. .[   ]du Christ°[   ]
[l']égal des[en]
lui[le]
20 s[ommaire°], en effet°, de Jé[sus].[   ]
De [plus°], le premier bap[tê-]
[me°, c']est celui du [re]jet
[des péchés. Nous sommes] emportés
[loin d']eux par [lui]
25 [dans] ce qui est de droite, [à savoir]
dans l'Impé[rissable],
c'est-à-dire le Jourd[ain°].
[Mais°] ce [lieu°] est [du]
[mon]de°. [Ainsi] nous avons [été]
30 emportés du [mon-]
de° dans l'Éo[n°. L'in-]
terprétation°, en effet°, de Je[an]
est l'Éon°, l'inter[prétation°],
d'autre part°, de ce qui est le Jourd[ain°]
35 est la descente° qui[   ]
. ., à savoir [notre] ex[ode]
du monde° [dans]
l'Éon°.

< мв,1-мг,19 >

[9 lignes manquent]

10 [авал ϩм п]ко[с]м[о]с а
   [ϩоγn аιωϩann]нс аγω авал
   [ϩм псιω]є м̄пкосмос а
   [ϩоγn апϩлоб м̄]пноγтє авал
   [ϩм псаркıкоn] аϩоγn аппнєγ

15 [матıкоn ава]λ ϩn̄ фγ[сı]коn
   [аϩоγn ат]м̄n̄таггєло̣[с] а̣вал
   [ϩм псωω]nт аϩоγn а[пє]πλн
   [рωма ава]λ ϩn̄ пкосм[ос] а̣
   [ϩоγn апаı]ωn авал ϩ[n оγ]м̄

20 [nтϩмϩ]а̣[λ аϩоγ]n̄ аγмn̄т[ωн]рє
   [авал ϩ]n̄ ϩn̄блаллам а̣[ϩоγ]n̄
   [аноγєр]нγ авал ϩ⟨n⟩ [θıн]
   [аϩоγn ат̄]n̄†мє ава[λ ϩм п]
   [ωрω а]ϩоγṇ а⟨п⟩ϩм[ам . . . . .]

25 [. . . . . . ав]ал аϩоγn аγ . [. . . .]
   [. . . . .]т аγω n̄тn̄[. . . . . .]
   [. . . . . . .] . аϩоγn [а]π̣[. . . тєє]
   [ı] т̣є θ[є] n̄таγn̄т̣n̄ [авал]
   [ϩn nспє]рматıко[n аϩоγn]

30 [аϩn̄сωма мn̄] оγморфн · n̄тєлє[ı]
   [ос n̄тс]єıаγnє м̄мєn птγπο
   [с аϩоγn апс]єпє пєєı n̄тапєхрн
   [стос сω]тє м̄маn n̄ϩнтϥ ϩn т
   [коınωnı]а м̄пєϥпнєма аγ

35 [ω аϥєı]nє м̄маn авал єтn̄
   [м̄мєϥ аγ]ω х̄мпıнєγ n̄·ψγхн
   [nаωωпє ϩnп]нєγма n̄тєлєıоn
   [nєєı n̄т]а̣γтєєıтоγ бє nєn
   [ϩм пωаар]п n̄ваптıсма єγ

p. 42 ⟨мв⟩ cod ne porte pas de pagination — 28]тє θ[є] n̄таγn̄тn Emmel 271 : so] also
we were brought Turner — 31 [Indeed] I entered by way of example Turner — 39
ваптıсма єγ Emmel 271

< 42,1-43,19 >

[9 lignes manquent]

10 [du] mo[nde⁰]
    [en Jea]n et de
    [l'amertume] du monde⁰
    [dans la douceur de] Dieu, de
    [ce qui est charnel⁰] en ce qui est spi-
15 [rituel⁰], du phy[si]que⁰
    [dans l']angélique⁰, de
    [la créat]ure dans [le] Plé-
    [rôme⁰, du] mond[e⁰]
    [dans l'É]o[n⁰], de [l'es-]
20 [clav]a[ge] dans l'état de [fi]ls,
    [de] confusions dans
    [les uns les autr]es, du [chemin]
    [dans no]tre village, du
    [froid dans] le ch[aud   ]
25 [   ]dans un[   ]
    [   ]. et nous[   ]
    [   ] dans le[   ].
    [Ain]si nous avons été emportés [de]
    [ce qui est sper]matique⁰ [dans]
30 [des corps⁰ de] forme⁰ par-
    [faite⁰, par le b]ain, de fait⁰, l'image⁰,
    [dans le res]te en qui le Christ⁰
    nous a [sauvés] en lui dans la
    [communaut]é⁰ de son esprit⁰ et
35 [il] nous [a em]portés, nous qui sommes
    [en lui, et] depuis maintenant les âmes⁰
    [doivent devenir des e]sprits⁰ parfaits⁰.
    Or, [ce qui] nous [a été] acordé
    [par le premie]r baptême...

[13 lignes manquent de la p. 43]

[................].[...].[.]

15 [.........].[aϩo]ρıϛτοn n̄[.]

[.....ετε мм]οϥ πε επειⲇⲏ[.]

[.........]πε n̄ⲁⲅ[.......]

[.....ϣ]εⲭε aϩm̄[........]

[.....]ọϲ > ―――――

                 < мг,20-38 >

20 [......τn̄ϣ]ωπ ϩмⲁ[τ nεκ ⲁⲅⲱ n̄τ]

[n̄ρ̄ εⲩⲭⲁρı]ϲτει πıⲱτ[........]

[......] πεκϣⲏρ[ε ιⲏ̄ϲ πεⲭⲣⲏϲ]

[τοϲ ⲭε εⲩnⲁ]εει ⲁⲃⲁ[ⲗ........]

[........ⲁ]ϩορⲁ[τοϲ......]

25 [.....] nnϣ.[..........]

[.....] м̄πⲕϣ[ⲏρε..........]

[.....]. τ̄ϥⲁⲅⲁ[πⲏ.......]

[....] м̄мⲁⲩ ⲁτ[..........]

[....ɪ]...[..............]

30 [..........]εⲩ ⲁτ[nⲱϲιϲ]

[......]ϲεειρε м̄πεⲕο[ⲩⲱ]ϣε

[ϩιτm̄ π]ρεn n̄ιⲏ̄ϲ π·εⲭ[ρⲏϲ]τοϲ

[ⲁⲩⲱ ϲεn]ⲁειρε м̄πεⲕοⲩⲱϣε

[м̄πınεⲩ мn̄ n̄]οⲩⲁειϣ nıм εⲩⲭⲏⲕ

35 [ⲁⲃⲁⲗ ϩn̄ ⲭ]ⲁρıϲ nıм ϩı τοⲩⲃο

[nıм πε]ⲁⲩ nεⲕ ϩıτn̄ πεⲕϣⲏ

[ρε мn̄] π̄[ε]ⲕмıϲε ιⲏ̄ϲ πⲭⲣⲏ

[ϲτοϲ n̄τ]ε[ⲩn]οⲩ ϣⲁ ⲁnⲏϩε ϩⲁмⲏn

p. 43 ⟨мг⟩ cod ne porte pas de pagination — 21-22 [remembering for the sake of] thy Son [Jesus Christ] Turner — 27 τϥⲁⲅⲁ[πⲏ Emmel 272 — 28 мⲙⲁⲩ ⲁτ Emmel 272 — 29 ligne montante d'où 1 ligne de plus

[13 lignes manquent de la p. 43]

[   ].[   ]
15 [in]visible°[   ]
[ce qui] est sien, puisque°[   ]
[   ]....[   ]
[di]re au sujet de[   ]
[   ]...

< 43,20-38 >

20 [Nous te r]endons gr[âces et nous]
[célébrons l'Euchari]stie°, ô Père[   ]
[   ]ton Fils [Jésus le Christ°]
[afin qu'ils] sortent[   ]
[in]visi[ble°   ]
25 [   ]...[   ]
[   ]de ton F[ils   ]
[   ]son amo[ur°   ]
[   ]...[   ]
[   ]...[   ]
30 [   ]. à la con[naissance°   ]
[   ]ils accomplissent ta vol[on]té
[par le] Nom de Jésus le Ch[ris]t°
[et ils] acomplir[ont] ta volonté
[maintenant et] toujours, étant parfaits
35 [en] toute gr[âce°] et [toute] pureté.
[Gl]oire à toi dans ton Fi[ls]
[et ta] génération Jésus le Chri[st°]
[main]tenant et toujours. Amen.

⟨мλ⟩

[13 lignes manquent]

[пѡ]ε̣х̣ε̣ м̄п[.............]

15 [.]. т̄ммєєγє̣[.]..[.........]

[..]тλο п[.] м̄пСλ м̣[.....]

[.....пє]тоγλλв пє[....]

[.........]н̄нєє м̄ч̣[....]

[......о]γтрофн м̄[н оγ]

20 [потнрιон.] ѡнрє єк.[..]

[....т]рофн м̄пн̣[........]

[......]λ̣р нєн м̄по̣[........]

[....]2̄м пѡ[н2..].[........]

[....]н̄λγ .[..........]

25 [....]мо м̄є.[.........]

[....]н̣ч ѡооп[.......]

[. єтє п]є пєє[ι...........]

[...]є̣к[к]λнС[ιλ.........]

[.........].[.........]

30 [.н̄тλ]к̣ тоγв̣[о..........]

...[н̄]тλ̄к пхλєιС 2о[тλн]

єкѡ̣[λн]моγ 2̄н оγто[γво єк]

нλтоγво λтрєч..[........]

оγλн нιм єтнλхι [2ιн н̄]

35 2нт̄ч λγтрофн м̄н [оγпотнрιон]

пєλγ нєк ѡλ λнн2[є 2λ]

мнн > ——————————

> ——————————

p. 44 ⟨мλ⟩ cod ne porte pas de pagination — 26 he does not [boast Turner — 29 Une ligne de plus

< 44 >
                              [13 lignes manquent]
     [la] parole du[   ]
15   [   ]ne pas penser[   ]
     [   ]à l'endroit de[   ]
     [celui qui[est saint[   ]
     [   ].......[   ]
     [u]ne nourriture^{o} [et une]
20   [coupe^{o}]Fils, puisque tu[ ]
     [n]ourriture^{o} du[   ]
     [   ]à nous le[   ]
     [   ]la V[ie   ]
     [   ]...[   ]
25   [   ]...[   ]
     [   ]il n'est pas[   ]
     [à] savoir[   ]
     [   ] É[g]lise^{o}[   ]
     [   ].[   ]
30   [tu es] pur[   ]
     [tu es] le Seigneur. Qu[and^{o}]
tu mourr[as pur]ement, [tu]
seras pur de sorte qu'il. .[   ]
quiconque aura [guidé]
35   vers une nourriture^{o} et [une coupe^{o}].
Gloire à toi pour toujours. [A-]
men.

COMMENTAIRE

p. 22

Le terme χορηγία (l. 4) désigne l'abondance du monde céleste comme plus bas en 25,39 et dans le «Fragment du Discours parfait» (DP)[1]. Il serait synonyme de ⲧⲙⲛⲧⲣⲙⲙⲁⲉ (l. 5 [p. 28,37]).

À compter de la l. 15, l'auteur veut révéler son mystère aux siens. Les textes gnostiques sont toujours porteurs d'une révélation[2] à des privilégiés qui sont appelés les ἴδιοι[3]. Le mystère consiste toujours à décrire l'origine céleste de l'homme spirituel. Seul ce dernier connaît vraiment le Père.

Le Père est le sommet du Plérôme, la Racine du Tout, comme dans l'EvVer[4]. Il est l'Ineffable, cf. p. 24,39; [25,30]; 29,31; [35,23], et il ressemble au Propatôr d'Eug vivant dans la Monade[5]. La Monade est à identifier au Père[6] qui engendre d'autres monades[7]. Il n'y a personne avant elle (p. 23, 20), mais d'elle sont engendrées la dyade, la triade, les dizaines, les centaines, les myriades[8]. L'Ineffable est dans la σιγή, qui est, chez les hérésiologues, un conjoint du Père[9]. À la p. 23,22, le Silence est la deuxième source qui engendre le Tout et qui s'entretient avec le Père; à la p. 24,20 il est uni au *Noûs* ou encore à la Vie.

Le Tout (l. 27-30) est engendré par ce Silence en union avec le Père. Ce dernier possède aussi l'intention, qui est à rapprocher de l'ἐνθύμησις-ἔννοια du Père[10], de la permanence, peut-être l'existence non-substantielle de l'*Allogène* (Allog)[11] à l'image du Père[12] et qui est à assimiler à

[1] Cf. p. 72,14.

[2] Cf., par exemple, la «Lettre valentinienne» dans ÉPIPHANE, *Panarion*, 31.

[3] Cf. *Apocryphon de Jean* (ApocrJn) (III), p. 32,10; 78,6; Papyrus de Berlin (BG), p. 26,16.

[4] Cf. p. 41,26 ss; 42,34 ss.

[5] Cf. Eug (III), p. 74,20 ss.

[6] Cf. ApocrJn (II), p. 2,26-32.

[7] Cf. *Deuxième Traité du Grand Seth* (GrSeth), p. 51,1.16; 66,14; *Les Trois Stèles de Seth* (3StSeth), p. 121,33-122,1.

[8] Cf. Eug (V), p. 7,19-8,27 = (III), p. 78,17 ss; *Marsanès* (Mar), p. 32,13 ss.

[9] Cf. IRÉNÉE, *Adv. Haer.*, I,1,1; 13,6; 14,3; 15,3-6; *Ext. Théod.*, 29; ApocrJn (III), p. 10,15; *Évangile des Égyptiens* (EvEgypt) (IV), p. 41,10; 42,22. 23; 44,14. 15. 28; 50,15; 67,15; *La Sophia de Jésus-Christ* (SJC), p. 117,17. 21; EvEgypt, p. 50,8. 9; 51, [I]. 19; 52,14; 53,2. 23-26; 56,5. 18; 58,[24]; 59,[17]; 60,9-26; 63,5; 77,7; la 1ère *Apocalypse de Jacques* (lApocJac), p. 28,2; *Zostrien* (Zost), p. 24,11.14; 52,[20]. 21; 124,1. 5.

[10] Cf. *Ext. Théod.*, 7.

[11] Cf. p. 53,32.

[12] Cf. EvMar, p. 38,32; Zost, p. 117,14; All, p. 66,27.

l'ἀνούσιον d'Hippolyte[13] ; il possède aussi l'ἀγάπη qui constitue avec la foi, l'espérance et la connaissance le lien des quatre éléments du Père[14] et enfin la persévérance[15]. Ce sont le Père et le Silence qui sont inengendrés (l. 30) et qui engendrent.

C'est à partir de la Racine du Tout, du Père et de Silence que commencent les émissions, celle, entre autres, du Fils, le *Noûs*, à la fois Démiurge et transcendantal. Le texte valentinien qui pourrait éclairer les l. 30 à 38 est celui d'Irénée, *Adv. Haer.*, I,1,1 :

> Il existait, disent-ils, dans les hauteurs invisibles et innommables, un Éon parfait, antérieur à tout. Cet Éon, ils l'appellent «Pro-Principe», «Pro-Père» et «Abîme». Incompréhensible et invisible, éternel et inengendré, il fut en profond repos et tranquillité durant une infinité de siècles. Avec lui coexistait la «Pensée», qu'ils appellent encore «Grâce» et «Silence». Or, un jour, cet Abîme eut la pensée d'émettre, à partir de lui-même, un Principe de toutes choses; cette émission dont il avait eu la pensée, il la déposa, à la manière d'une semence, au sein de sa compagne Silence. Au reçu de ce germe, celle-ci devint enceinte et enfanta «Intellect», semblable et égal à celui qui l'avait émis, seul capable aussi de comprendre la grandeur du Père. Cette Intelligence, ils (les valentiniens) l'appellent encore Fils unique, Père et Principe de toutes choses (trad. Rousseau-Doutreleau, p. 29-31).

C'est ce *Noûs* qui met tout en mouvement : c'est sous sa direction indirecte qu'est créé l'homme à l'image et à la ressemblance (p. 37,33 ss); il se distingue du Démiurge (p. [38,25 ss]; 39,16), puisqu'il est avant tout le principe d'ordonnance du monde plérômatique.

p. 23

Si on la compare à la p. 29, cette page semblerait faire allusion à une Dyade (p. [22,25]; 25,20) et à une Tétrade double composée, — au milieu des 360 éons qui constituent le Plérôme (p. 30,36-37) —, de l'Ineffable et du Silence ainsi que de l'Intelligence (*Noûs*-Monogène) de l'Esprit et de la Vérité, du Logos et de la Vie ainsi que de l'Homme et de l'Église, laquelle double Tétrade constitue l'Ogdoade que décrit Irénée, *Adv. Haer.*, I, 1,1 :

> Or, ce Monogène, ayant pris conscience de ce en vue de quoi il avait été émis, émit à son tour «Logos» et «Vie», Père de tous ceux qui viendraient après lui, Principe et Formation de tout le Plérôme. De «Logos» et de «Vie» furent émis à leur tour, selon la syzygie, «Homme» et «Église». Et voilà la fondamentale Ogdoade, Racine et Substance de toutes choses, qui est appelée chez eux de quatre noms : Abîme, Intellect, Logos et Homme.

---

[13] Cf. *Elenchos*, VI,42.
[14] Cf. *Évangile selon Philippe* (EvPhil), p. 79,24-25.
[15] Voir une variante dans Eug (III), p. 71,13-74,19.

> Chacun de ceux-ci est en effet mâle et femelle : d'abord le Pro-Père s'est
> uni, selon la syzygie, à sa Pensée, qu'ils appellent aussi Grâce et Silence ;
> puis le Monogène, autrement dit l'Intellect, à la Vérité ; puis le Logos à la
> Vie ; enfin l'Homme, à l'Église (trad. Rousseau-Doutreleau p. 31-33).

Nous sommes ici en présence de huit «Éons», l'Ogdoade, fondement
du Plérôme, groupés en quatre couples qui dérivent les uns des autres par
émanation successive et dégradée. Et, comme l'indiquent les l. 31 à 38,
c'est là une manifestation successive du Principe infini et caché. On va du
dedans vers le dehors. L'Abîme, l'Ineffable, se manifeste d'abord par
l'Intelligence, principe de toute connaissance, et principe aussi de toute
existence, laquelle doit répondre à une Idée. L'Intelligence-*Noûs* va
s'exprimer à son tour en rapports profonds d'harmonie au sein du
monde, c'est-à-dire en Logos. Ces rapports permettent en effet de saisir
la caractéristique de chaque chose, de discerner son espèce ; il sera dit du
Christ, par exemple, à la p. 26,31-34 qu'il possède quatre puissances, une
de séparation, une de confirmation, une de formation et une d'engendrement de substance. Le premier de ces concepts que dessine le Logos
est celui de l'Homme, image la plus parfaite de l'Éon parfait, infini,
«microcosme» plus perfectionné que le monde matériel et donc qui
passera avant lui dans l'ordre idéal. Cet Homme sera comme le résumé
de l'Univers : il assumera en lui la matière, la vie animale, et comportera
aussi une partie divine.

Le Logos, par le fait qu'il est l'Idée des choses et les classe dans leurs
espèces, leur permet d'exister, leur donne «forme» et Vie. Logos et Vie
vont ensemble, comme Intelligence et Vérité. Le Logos est fait pour la
Vie, comme l'Intelligence pour la Vérité.

Quant à l'Homme idéal, il est fait pour l'Église, c'est-à-dire pour
l'assemblée idéale des élus, ces initiés à la gnose. Les trois Éons d'Eug
sont appelés des Églises.

p. 24

Cette descente du *Noûs* dans le Tout pour révéler l'Ineffable fait que le
Tout est un objet de désir, de vouloir (l. 31). On pourrait rapprocher
l'idée d'un des systèmes ptoléméens[16] : le Père a deux dispositions
(*affectus*) qui sont aussi appelées des «puissances», en ce sens que le
principe masculin devient la «puissance» du principe féminin ou encore
que la puissance du premier agit dans le second. Ainsi le Vouloir

---

[16] Cf. IRÉNÉE, *Adv. Haer.*, I, 12,1.

«survient» pour féconder la Pensée et tous les deux se manifestent par l'Intelligence et la Vérité. Le passage de l'*Adv. Haer.*, I, 12,1 se lit ainsi :

> Les plus savants parmi les gens de l'entourage de Ptolémée disent qu'il (le Père) a deux compagnes, qu'ils appellent aussi ses «dispositions» à savoir la «Pensée» et la «Volonté»: car, disent-ils, il a d'abord pensé à émettre quelque chose, et ensuite il l'a voulu. C'est pourquoi de ces deux dispositions ou puissances, à savoir la Pensée et la Volonté, mélangées pour ainsi dire l'une à l'autre, est résultée l'émission du couple du «Monogène» et de la «Vérité» (trad. Rousseau-Doutreleau, p. 181-183).

p. 25

Les Éons (?) voient donc le Père résidant dans la Monade et se répandant dans la Tétrade et produisant le Monogène et la Limite. L'Ὅρος est particulièrement bien connu du valentinisme et il sépare le Plérôme et le confirme (l. 22-24; cf. p. 26,30ss; [27,34ss]; 31,[22]. 23; 33,36): tout ce qui est en dehors du Plérôme ne peut que faible et informe[17].

Chez Hippolyte[18] Jésus est appelé l'Ἀρχιερεύς comme à la l. 33 et dans l'EvPhil[19], par exemple. Il est le seul à pénétrer derrière le voile du Saint des Saints comme ici (l. 33-36), le καταπέτασμα désignant la Limite dans l'EvPhil[20]. Quant à l'Ἀρχιερεύς, il peut être Jésus ou son ancêtre-révélateur Melchisedek[21]. Toute cette symbolique veut insister sur le fait que le gnostique est confirmé[22] dans ses origines célestes, sa ῥίζα[23], et cela grâce au *Noûs*.

Le Révélateur révèle la gloire des Éons (l. 34-38) qui sont glorifiés par le Père[24]. La gloire est un attribut des entités célestes dans les textes du corpus de Nag Hammadi[25], et l'odeur (l. 39) est un symbole, comme l'abondance, du monde céleste[26]. Le symbole de l'odeur est autrement plus élaboré dans l'EvVer valentinien et dans le *Traité Tripartite* (TracTri)[27], p. 72,6-9 que dans d'autres écrits de Nag Hammadi[28].

[17] Cf. IRÉNÉE, *Adv. Haer.*, I, 2,1-6; HIPPOLYTE, *Elenchos*, VI, 30,6-32,2.
[18] Cf. *Ibid.*
[19] Cf. p. 69,21; 85,4.
[20] Cf. p. 70,1; 84,23. 25; 85,4. 5; aussi HypArch, p. 94,9. 11; 95,21; GrSeth, p. 58, 26; SJC (BG), p. 119,1.
[21] Cf. *Melchisedek* (Melch), p. 5,[15]; 6,17; 15,12; 26,[3].
[22] Cf. EvVer, p. 17,26; 19,30; 24,3; 30,2; 31,32; 33,1; 34,22; 39,1.
[23] Cf. EvVer, p. 17,30; 28,17; 41,26; 42,34.
[24] Cf. EvVer, p. 19,33; 41,1; 42,3; 43,17.
[25] Cf. F. SIEGERT, *Nag Hammadi Register...*, s.v. ⲉⲟⲟⲩ, p. 13-14.
[26] Cf. EvVer, p. 34,1-7.
[27] Cf. p. 72,6-9.
[28] Cf. EvEgypt, p. 67,22; *Dialogue du Sauveur* (DialSauv), p. 133,12.

Quant à l'image de l'Orient (l. 39), elle n'apparaît que dans l'*Authentikos Logos* (AuthLog) pour désigner l'origine céleste de l'âme vers laquelle elle doit retourner[29]. Le Saint des Saints de l'EvPhil[30] est orienté vers l'Est; il y est identifié à la chambre nuptiale où l'âme doit venir se reposer[31].

p. 26

Le Monogène-*Noûs* (?) est le premier sanctuaire (l. 19). Ce serait ici le seul endroit du corpus de Nag Hammadi où ἅγιον désignerait un sanctuaire, le Saint des Saints de la page précédente, et il n'y a, à vrai dire, que dans la *Prière de l'Apôtre Paul* (PrPaul)[32] que «trésor» est uni à «Plérôme-Tout» pour désigner le Sauveur comme ici (l. 19).

Le Monogène entoure le Tout, en ce sens, comme dans l'EvVer[33], que le Plérôme et le Tout sont à l'intérieur de la divinité, qui renferme en elle-même toute la puissance du Tout. C'est ce qui amène les valentiniens à appeler le Sauveur «le Tout»[34], parce qu'il a le pouvoir de produire des émanations[35] et qu'il s'identifie ainsi à Celui qui est supérieur à tous les Éons, le Père, l'ἀχώρητος[36].

À la l. 22, les Éons et les pneumatiques, séparés de l'Abîme ou tombés dans la matière, supplient le Christ de les rétablir dans l'état qu'ils avaient auparavant. C'est toute l'œuvre d'ἀποκατάστασις entreprise par le Christ: un retour à la Vérité comme dans l'EvPhil[37] ou à l'unité des syzygies comme dans notre traité (p. 39,35) ou tout simplement un retour au Plérôme comme dans *Le Traité sur la Résurrection* (Rheg)[38].

Et cette restauration s'accomplit lorsque le Christ (l. 30-34), comme la Limite, sépare, confirme et engendre les parfaits à leur être[39]. Un des thèmes fondamentaux de l'EvVer[40] est qu'un être n'a vraiment une existence et une espèce que dans la mesure où il a une forme émanée du Père et que cette forme est connue de lui. Ce principe fondamental des

---

[29] Cf. p. 35,8.
[30] Cf. p. 69,14-70,4.
[31] Cf. EvVer, p. 42,21-22; AuthLog, p. 35,9-11.
[32] Cf. IA,6-7.
[33] Cf. p. 17,6-7.
[34] Cf. IRÉNÉE, *Adv. Haer.*, I, 2,6.
[35] Cf. ID., *ibid.*, II, 7,2.
[36] Cf. ID., *ibid.*, I, 2,1.
[37] Cf. p. 67,18.
[38] Cf. p. 44,31; aussi TracTri, p. 123,19-27.
[39] Cf. IRÉNÉE, I, 2,4.
[40] Cf. p. 22,28 ss.

valentiniens est énoncé par Irénée[41] : la cause de la permanence éternelle des Éons est cette transcendance incompréhensible du Père ; la cause de leur naissance et de leur formation est au contraire ce qui est compréhensible dans le Père, c'est-à-dire le Fils.

Et seuls les gnostiques connaissent la présence des quatre puissances du Christ, le temps et les lieux (l. 36-37) que les ressemblances (les ὁμοιώματα opposés aux ἐικόνες) auront fixés. Le temps serait ici le moment de la formation des spirituels imparfaits ici-bas qui sont à identifier à des lieux au sens d'êtres divins. La signification particulière de lieu assimilé à un être divin se retrouve en magie comme dans la gnose. C'est l'idée de τόπος dans l'EvVer[42].

p. 27

Si la persistance du Plérôme demeure (l. 22-24), c'est qu'elle est due à cette force qui sépare, confirme, engendre une substance et produit une forme (l. 30-34). Mais cette puissance est en somme double : elle confirme les Éons ou les spirituels en les séparant de l'Abîme, et elle les sépare de l'Abîme en les confirmant. Le terme στηρίζειν est le terme technique dans le valentinisme pour signifier la spiritualisation des pneumatiques[43].

Le βυθός de la l. 38, comme celui de la p. 28,20.21, demeure conjectural et il est un hapax dans le corpus des écrits de Nag Hammadi. Il désigne l'Abîme ineffable qui est le Père[44], lequel est séparé des Éons qui ne peuvent saisir sa transcendance incompréhensible. Il est cause toutefois de leur permanence éternelle ; l'origine de leur naissance et de leur formation est au contraire ce qui est compréhensible dans le Père, à savoir le Fils[45]. C'est ce que l'auteur voudrait dire : la confirmation des spirituels est basée sur une séparation d'eux-mêmes de l'Abîme dont ils émanent. C'est vouloir signaler tout le caractère mythique et mystérieux de l'être des spirituels.

p. 28

Il semble toutefois que l'accord entre valentiniens ou gnostiques n'était pas fait à ce sujet (p. 27, l. 30-34). On sait d'après le TemVer que des

---

[41] Cf. *Adv. Haer.*, I, 2,5.
[42] Cf. J. É. MÉNARD, *L'Évangile de Vérité*. Rétroversion grecque et commentaire, Paris, 1962, Index, s.v. τόπος, p. 215.
[43] Cf. IRÉNÉE, *Adv. Haer.*, I, 2,2.4.6 ; 21,3.
[44] Cf. ID., *ibid.*, I, 1,1 ; 11,1 ; HIPPOLYTE, *Elenchos*, VI, 30,7.
[45] Cf. IRÉNÉE, *Adv. Haer.*, I, 2,5.

discussions existaient au sein des cercles gnostiques[46]. Aussi faut-il rechercher avec assiduité et persévérance les Écritures anciennes et ceux qui proclament les idées qui ont été de fait proclamées par Dieu (p. 28, l. 30-38). Ces Écritures paraissent bien être les écrits bibliques et les idées diffusées par les docteurs de la Loi ou les Prophètes[47], ou, mieux encore, celles d'entre elles qui portaient sur la constitution des hebdomades célestes et des soixante-douze cieux placés sous le pouvoir des Archontes eux-mêmes soumis à Celui qui est et qui est sans nombre, la Monade, l'Un[48]. Des spéculations variées sur la construction des cieux circulaient dans les milieux juifs dont relèverait la lApocJac.

Le Père, ici Dieu, a une profondeur que l'on ne peut retracer (l. 37-38), il est ἀνεξιχνίαστος. L'ἀνεξιχνίαστον est un attribut divin dans le valentinisme[49].

p. 29

Les Éons (?) ou les parfaits, pour comprendre leur fondement, doivent regarder leur Livre, appelé ici leur Livre de la connaissance (l. 23), c'est-à-dire celui des mystères célestes, comme l'est le Livre dans l'EvEgypt (III)[50], où ils n'ont qu'à se contempler les uns dans les autres de la manière suivante. La Tétrade supérieure, comme aux p. 22-23, comparable à la Triade d'Eug (III)[51] composée de l'Abîme (l'Ineffable), du Silence (Pensée) et de la Vérité (l. 25-34), se reflète dans une Tétrade composée du Logos et de la Vie, de l'Homme et de l'Église. Le Logos est pour la gloire de l'Ineffable, la Vie, pour la gloire du Silence et l'Église, pour la gloire de la Vérité. Seul l'Homme est pour sa propre gloire, sans doute pour indiquer qu'il est l'image la plus parfaite de l'Éon parfait[52], un peu comme l'Homme dans Eug[53].

p. 30

Les gnoses présentent des mythologèmes à variantes. Il semble que la doctrine d'Eug est à rapprocher ici de notre texte. Eug parle de la

---

[46] Cf. K. KOSCHORKE, *Die Polemik der Gnostiker gegen das kirchliche Christentum*; J. É. MÉNARD, «Normative Self-Definition in Gnosticism», p. 134-150. 238-240.

[47] Cf. TracTri, p. 112,5-114,1.

[48] Cf. lApocJac, p. 26,1-27,12.

[49] Cf. IRÉNÉE, *Adv. Haer.*, I,2,2; aussi AuthLog, p. 26,25; 35,7.

[50] Cf. p. 68,1-69,21.

[51] Cf. p. 78,18.

[52] Cf. F. M. M. SAGNARD, *La gnose valentinienne...*, p. 302.

[53] Cf. Eug (III), p. 76,21 ss.

Monade dont émanent une Triade, des dizaines, qui proviennent dans notre traité du Logos et de la Vie (l. 30-31 et l. 16), et des centaines[54], tandis que l'Homme et l'Église produisent une Dodécade (l. 34 et 18) comme dans Eug (III)[55]. En Eug (III)[56], l'Homme et l'Église produisent 12 puissances engendrant à leur tour 72 êtres célestes d'où proviennent 5 êtres pneumatiques pour constituer 360 Puissances qui sont les jours de l'année parfaite du Seigneur, tandis qu'ici ils produisent une Dodécade qui, multipliée par 30 jours, donne les 360 jours de l'année. Le système d'Eug est beaucoup plus élaboré, ici, il s'agit des douze mois lunaires de 30 jours chacun.

Alors que la chute de Sophia de la p. 31, le trentième Éon[57], est ici annoncée (l. 20-25), lorsque, semble-t-il, il y a séparation du Fils d'Homme et de l'Église (l. 23-25), comme dans Eug (III)[58], les Éons continuent à regarder (l. 25 ss) vers le *Noûs*-l'Homme immortel androgyne d'Eug (III)[59], dont ils sont les émanations.

p. 31

Ce qui reste de cette page peut être commenté (l. 35-38) de la manière suivante. Elle a trait à la chute de Sophia, le trentième Éon[60] émis par l'Homme et l'Église: après l'Ogdoade, les émissions provenant du Logos et de la Vie émettent 10 Éons, l'Homme et l'Église en émettent 12, donc $8 + 10 + 12 = 30$ Éons. La Sophia veut à elle seule dépasser le système de syzygies du Plérôme, saisir la Grandeur infinie du Père et créer son propre Plérôme (cf. p. 34, 36-37), le Plérôme du monde (p. 37,15).

p. 32

Les l. 34-39 décrivent la descente du Logos-Christ venu dans la chair au secours de la Sophia déchue, pour ensuite remonter. Vu que la chair à la p. 38,36 est mauvaise, il ne saurait s'agir d'une incarnation du Logos dans une telle chair. Mais rien ne nous indique dans le traité si cette chair est, à la naissance du Logos, psychique (École valentinienne italique) ou

---

[54] Cf. Eug (V), p. 7,19-8,27.
[55] Cf. p. 81,12-85,7 et 81,5-6.
[56] Cf. p. 83,10-85,7.
[57] Cf. IRÉNÉE, *Adv. Haer.*, 1,1,2.3; 2,1.
[58] Cf. p. 85,8-86,16.
[59] Cf. p. 76,21 ss.
[60] Cf. IRÉNÉE, *Adv. Haer.*, I,1,2; 2,2.

pneumatique (École valentinienne orientale)[61]. Il sera dit à la p. 33,35-36 que la Sophia est laissée seule après la remontée de son Fils. Quel est le Fils de la Sophia? Le Christ ou le Logos? Tous les passages où le terme χρηστός apparaît (p. 26,22; [28,24]: [33,16]; 39,30) laissent planer la confusion entre le Christ et le Logos, et le Christ serait en Jésus le fils de la Sophia. Tous les systèmes valentiniens expliquent que, pour restaurer le repos troublé dans le Plérôme par la chute de Sophia, la paire d'éons «Christ» et «Esprit-Saint» sont créés, dont le premier reconduit la Sagesse-Sophia dans l'harmonie du Plérôme. Mais d'après Irénée telle n'aurait pas été la doctrine de Valentin[62], pour qui le Christ fils de la Mère, i.e. de la Sophia, engendré selon le «souvenir de ceux d'en haut», y serait seul retourné, alors que la Mère abandonnée et constituée des éléments psychiques qui lui restent aurait produit un autre fils, le Démiurge. Notre traité pourrait rendre vraisemblable cette opinion de l'hérésiologue, chez qui il ne s'agirait ni d'une erreur ni d'une confusion du valentinisme avec le barbélognosticisme ou du Christ avec le Logos de la Sophia. C'est le Christ psychique, comme en Irénée, *Adv. Haer.*, I, 7,2, qui doit souffrir avec la Sophia (p. 34,34).

p. 33

Le Christ remonté au ciel ne peut partager les souffrances de la Sophia. Il est un Christ glorieux, l'Éon consolidé par l'Ὅρος, la Croix dont l'empreinte des clous aura disparu[63]. Le Jésus-Christ de l'EvVer[64] fut crucifié d'abord; sa croix pourrait être comme dans l'EvEgypt (III)[65], l'*Interprétation de la Gnose* (InterpGn)[66] ou notre traité (l. 25-27) une Limite qui sépare dans le valentinisme le monde plérômatique des syzygies du monde inférieur de la Sophia et de ses passions.

La διόρθωσις de la l. 28 (cf. aussi, p. 36,11) est celle de la Sophia et elle est un hapax dans le corpus de Nag Hammadi. Elle n'est connue que du valentinisme[67]. Ce redressement de la Sophia est opéré non par le Logos retenu au Plérôme, mais par le Christ-Jésus, le fils de la Sophia (l. 30-36), qui remontera, laissant sa Mère seule.

[61] Cf. HIPPOLYTE, *Elenchos*, VI, 35,4-7.
[62] Cf. IRÉNÉE, *Adv. Haer.*, I,11,1.
[63] Cf. EvEgypt (IV), p. 75,18; GrSeth, p. 55,30-35; 58,26; ApocPi, p. 81,10-24; 82,21.
[64] Cf. p. 18,24; 20,25.
[65] Cf. p. 64,3.
[66] Cf. p. 13,37.
[67] Cf. IRÉNÉE, *Adv. Haer.*, I,4,5; *Ext. Théod.*, 30,2; 35,2; HIPPOLYTE, *Elenchos*, VI, 32,5; 36,1.3.4.

p. 34

Il est fait mention depuis la p. 33,17 de semences, voir aussi p. 35, 12.
16. 17. 33; 37,23. 38; 39,[12]. 15. [23]. 30. Il résulte de cet ensemble une
doctrine assez cohérente qui s'accorde avec d'autres documents valentiniens, tels les *Extraits de Théodote*, malgré quelques points obscurs.
Jésus, le Sauveur, est essentiellement constitué, comme son double, le
Christ, de substance «mâle», qui est celle du Plérôme : et de même aussi
ses Anges[68], voir dans notre traité, p. 39,25-27. Néanmoins il se revêt,
pour descendre parmi nous, d'une enveloppe de semence pneumatique
«femelle» issue de Sagesse[69], car il doit être consubstantiel à ce qu'il doit
sauver. Il existe sur terre une répartition de semences femelles, qui sont
les valentiniens, l'Église des semences supérieures (ou simplement :
l'Église, au sens propre), «l'élection». Elles ne sont ni des passions
(comme chez le psychique), ni une création, mais «un enfantement»[70],
provenant de la Mère-Sagesse[71]. C'est à ces semences que le corps de
Jésus est consubstantiel[72]. La venue du Sauveur et de ses Anges a pour
but le redressement de la semence femelle[73]. Elle est une apparition de
Lumière[74], qui manifeste l'Homme de la semence supérieure et le «met
dans l'ordre», en séparant de lui les passions mêlées qui l'obscur-
cissaient[75]. Le Sauveur réveille ainsi l'âme psychique[76] qui a l'heureux
privilège de posséder la semence, pour qu'elle prenne conscience de cette
semence qu'elle porte en elle-même ; il ravive cette semence, comme une
étincelle qui s'enflamme soudain. Quand cette semence femelle est au
point, elle s'unit alors à l'élément mâle, les valentiniens s'unissent à leurs
Anges, c'est-à-dire que «la femme se change en homme»[77] ; «l'Église
d'ici-bas» se transforme «en Anges»[78]. Toutes ces semences rejoignent
Jésus à la Limite du Plérôme, sous le signe de la Croix[79] : Jésus les
rassemble, pour les faire entrer avec lui. Ni les Anges ni la Mère ne

[68] Cf. *Ext. Théod.*, 39 ; 40 ; 21,1.2.3 ; 2,1.2 ; aussi 32,3 ; 33,3.
[69] Cf. *Ibid.*, 1,1.2.
[70] Cf. *Ibid.*, 41,1.
[71] Cf. *Ibid.*, 67 ; 68.
[72] Cf. *Ibid.*, 42,3 ; 26,1.
[73] Cf. *Ibid.*, 35,2.
[74] Cf. *Ibid.*, 35,1 ; 41,2.3.4.
[75] Cf. *Ibid.*, 41,4.
[76] Cf. *Ibid.*, 1,3.
[77] Cf. *Ibid.*, 21,3 ; 79.
[78] Cf. *Ibid.*, 21,3.
[79] Cf. *Ibid.*, 26,2.3 ; 43,2.3.

peuvent entrer avant que toute la semence ne soit ainsi rassemblée[80]: ce sera donc à la «consommation» finale du monde. Jésus portant sa croix figure Jésus portant les semences pour entrer au Plérôme: les semences forment le corps de Jésus dont le Christ est la tête[81].

C'est à cette unité et cette restauration que tend la venue du Christ-Jésus aux l. 10 à 22 de la p. 34, et c'est par sa séparation d'avec les Éons du Plérôme, grâce à l'῞Ορος, que la Sophia va se repentir[82], «retenue» (l. 22-23) par Limite. Sa μετάνοια consiste à reconnaître ce qu'elle était au Plérôme, un Éon capable de produire des fruits avec son parèdre (l. 25-31); elle reconnaît ce qu'elle était, engendrant à son parèdre, le Logos-Sauveur, des semences pneumatiques[83].

Mais en quoi peut consister la souffrance du parèdre de Sophia (l. 34)? Pour les *Ext. Théod.*[84], c'est la souffrance du *Jesus patibilis*. Portant la croix il figure le Sauveur portant les semences sur ses épaules, pour entrer au Plérôme. D'autre part, il est normal que la Sophia déchue souffre; se voyant abandonnée, seule, au dehors, elle est accablée de toutes sortes de passions multiples et diverses[85]: tristesse, crainte, angoisse, ignorance. Il est toutefois étrange qu'à ces passions se joigne un rire (l. 35-38). Le rire est l'apanage des êtres célestes, celui du Christ, par exemple, de l'ApocPi[86], ou du GrSeth[87], se moquant de ses bourreaux[88]. Les seuls autres témoignages d'êtres déchus qui rient dans le corpus de Nag Hammadi sont l'EvPhil, p. 65, 12-26 au sujet de femmes qui folâtrent avec des hommes et inversement *Le Livre de Thomas l'Athlète* (ThAthl)[89] où les mystères du Christ sont un objet de rire dans le monde[90]. Le rire de la Sophia vient de ce qu'elle a voulu imiter l'Insaisissable sans être pour autant dans le monde des syzygies (l. 35-38), et ses pleurs proviennent de la perte de son parèdre[91].

[80] Cf. *Ibid.*, 35,3.4.
[81] Cf. *Ibid.*, 42,2.3.
[82] Cf. IRÉNÉE, *Adv. Haer.*, 1,2,2.
[83] Cf. *Ext. Théod.*, 1-45.
[84] Cf. 42,2. Mais voir aussi IRÉNÉE, *Adv. Haer.*, I,7,2 sur la souffrance du Christ psychique et de la Sophia.
[85] Cf. IRÉNÉE, *Adv. Haer.*, I,4,1.
[86] Cf. p. 82,30-83,4.
[87] Cf. p. 56,6-19.
[88] Cf. J. É. MÉNARD, *L'Évangile selon Philippe*. Introduction, texte, traduction, commentaire, Paris, 1967, p. 216.
[89] Cf. p. 142,20-26.
[90] Cf. p. 143,21-26; GrSeth, p. 54,1-13: les Archontes qui se moquent de la petitesse de l'homme; aussi *ibid.*, p. 62,27-64,39.
[91] Cf. IRÉNÉE, *Adv. Haer.*, I,4,2.

p. 35

Vu que les fruits de la Sophia déchue sont imparfaits et sans forme (l. 12-13ss. 17-18)[92], Jésus et la Sophia, d'après notre traité (l. 14-16. 18-21) et les *Ext. Théod.*[93], créent une nouvelle créature de semences. Notre auteur (l. 14. 21. 31) parle de créature (κτίσις), contrairement aux *Ext. Théod.*[94], qui appellent cette émission de semences un enfantement (ὡς τέκνα), mais il emploie aussi ϭⲱⲱⲛⲧ (verbe) (l. [15]. 30) et ϭⲱⲱⲛⲧ (substantif) (l. [11]. 21. 28) opposé à ⲁⲧϭⲱⲱⲛⲧ ou ⲁⲧϭⲁⲁⲛⲧ, «incréé» (l. 24. 25. 26). Le terme ϭⲱⲱⲛⲧ n'est péjoratif qu'en 38, 39 au sujet du κόσμος. En *Sg.*, 1, 14 il signifie toutefois γένεσις. Cette semence pneumatique d'Éons est un τύπος (l. 22) du Plérôme, comme en *Ext. Théod.*[95] elle est dite être κατ᾽ εἰκόνα θεοῦ, ici le Père parfait du monde de la syzygie (mâle-femelle). Le Christ dans l'Extrait 33,3 de Théodote est appelé «l'image du Père de toutes choses» (ὅς ἦν τύπος τοῦ πατρὸς τῶν ὅλων), donc «l'image du Plérôme»[96] (εἰκόνα τοῦ πληρώματος). À la p. 39,[15], il sera dit que ces semences sont des images du Plérôme, elles appartiennent au monde inférieur rejeté hors du Plérôme; notre auteur ne ferait pas de distinctions bien nettes entre εἰκών, ὁμοίωμα et σκία, cf. 36, 13. 19; 37, [16]. 34; 39, [15]. 21. Aussi cette créature constituée de semences pneumatiques est une ombre (l. 28-29) des êtres préexistants, c'est-à-dire les Éons spirituels, ceux qui étaient, sont et seront (p. 36,13-15)[97].

Et il est dit (l. 30-37) que Jésus créa cette créature de semences en séparant les passions, comme dans les *Ext. Théod.*[98]: le Sauveur transforme les passions incorporelles en substances également incorporelles; puis il fait des corps, doués de propriétés. Cette séparation est un effet de la πρόνοια du Père (p. 36,10; 37,21) comme chez Valentin, Fragment 2[99]. Le Sauveur purifie Sagesse en lui donnant la μόρφωσις κατὰ γνῶσιν. L'action du Logos-Sauveur sur le Pneuma échappé du Plérôme est une action séparatrice, excluant la «passion» et par suite le psychique et l'hylique; elle est aussi une action constitutive, rappelant au

---

[92] Cf. IRÉNÉE, *Adv. Haer.*, I,2,3; HIPPOLYTE, *Elenchos*, VI,31,2.5.

[93] Cf. 1-42.

[94] Cf. 41,1.

[95] Cf. 21,1.

[96] Cf. *Ext. Théod.*, 32,2.

[97] Cf. *Évangile selon Thomas* (EvTh), Logion 19 (p. 36,17-18); EvPhil, p. 64,10-12; aussi TracTri, p. 79,3-4; 87,35. 36; 95, 18-19; EvPhil, p. 83,34-35; ThAthl, p. 138,9-10.

[98] Cf. 45,2; 46.

[99] Cf. CLÉMENT D'ALEXANDRIE, *Stromates*, II,114,3-6.

Pneuma son origine plérômatique, qu'il avait oubliée, et le restaurant dans l'ordre de la gnose, qui mène au Père. Ce sont là justement les deux opérations de la Croix-limite, inséparable du Sauveur, telles que la Grande Notice d'Irénée nous les expose[100], en accord avec Héracléon[101].

p. 36

L'œuvre de redressement (διόρθωσις) opérée par la πρόνοια divine, grâce à des ombres = images, pour les Éons ou les spirituels déchus dans la matière constitue l'οἰκονομία de la foi en Jésus, représentant le Père qui a écrit le Tout dans des images, des ombres et des ressemblances (l. 10-19). Le terme d'οἰκονομία ne se rencontre presque exclusivement dans le Corpus de Nag Hammadi que dans le TracTri, où à la p. 127,32 il est lié à πίστις. C'est dans le valentinisme que le terme est particulièrement employé (cf. Irénée, *Adv. Haer.*, I, 15,2: Jésus est disposé selon la volonté du Père [ExpVal, p. 36,29] à l'image de la Dynamis d'en-haut; *ibid.*, I, 7,2: le Christ s'est étendu sur la Croix pour former Sagesse selon la substance; 6,1: par l'économie de l'Incarnation, le Sauveur s'est entouré d'un corps de substance psychique, de manière à devenir visible, palpable, passible). Et il ne saurait s'agir que de la foi des parfaits pour qui le monde des pneumatiques d'en bas n'est qu'une image de celui d'en-haut[102].

L'œuvre de Jésus consiste à faire remonter (l. 20-38), avec le concours des Anges, toutes les semences spirituelles d'ici-bas. Cette interprétation valentinienne de la venue de Jésus pourrait rejoindre celle des Extraits 29 à 42 de Théodote. Ces extraits forment un tout qui part du premier couple, passe par Sophia, le Christ, le Démiurge, Jésus et ses Anges, la formation initiale des semences, pour aboutir à la remontée de ces dernières avec Jésus, grâce au symbole de la Croix.

Telle est la volonté du Père (l. 28-29). Logos-Sauveur, Jésus apparaît en face de Sagesse, en face du *Pneuma*. Ce *Pneuma* n'est autre que la semence supérieure distribuée dans le monde, où elle constitue les «élus». Elle forme aussi une enveloppe du Sauveur Jésus, pour lui permettre de descendre parmi nous et de sauver ainsi le *Pneuma* auquel il est devenu consubstantiel. Mais, avant tout, cette semence pneumatique est l'ensemble même de Sagesse, qui est vraiment «l'Église des élus». Cette

[100] Cf. *Adv. Haer.*, I,3,5.
[101] Cf. Fragment 13.
[102] Cf. VALENTIN, Fragment 4b et CLÉMENT D'ALEXANDRIE, *Stromates*, IV, 89,6-90,4.

semence peut être considérée comme dispersée dans les valentiniens ou comme concentrée en Sophia. De toute façon, sauvée par Jésus, elle entrera avec lui au Plérôme des syzygies, où se produira la fusion dans l'Un.

Cette volonté de Dieu est à l'encontre de la déchéance de Sophia qui de son propre gré a voulu former un Plérôme sans son parèdre.

p. 37

L'auteur semble aborder une autre phase de l'économie du salut, celle du Démiurge. On parle de Tétrade, d'Hebdomade, de Plérôme du monde (?) (l. 12-15). La plus connue de ces notions est celle d'Hebdomade, qui est le lieu du Démiurge[103]. La τέτρας serait-elle cette Tétrade inférieure[104] d'ordre exclusivement féminin, — vu que ce monde-ci ne peut supporter d'élément mâle —, et qui équivaudrait aux quatre passions de Sagesse (tristesse, crainte, stupeur et angoisse) dont va se servir le Démiurge pour créer les puissances du monde?

Ce Démiurge, et par son intermédiaire, la Sophia[105], crée (l. 16-19. 25-28) les êtres célestes et terrestres, entre autres, les anges et les archanges qui sont des images et des ressemblances des Éons, auxquels notre auteur ajoute des divinités, comme Eug, par exemple, et des liturges (ministres). Ce dernier terme n'apparaît nulle part ailleurs dans les textes de Nag Hammadi. Mais image du Monogène[106], le Démiurge est ici vraisemblablement sous son influence et celle de la Sophia, et il instruit les semences[107]. Comme dans l'InterpGr[108], le maître-Démiurge enseigne dans une école (l. 30-31) pour former les semences faibles et leur enseigner la nature du Père. Dans l'Extrait 48 de Théodote, il fait la lumière, c'est-à-dire il fait apparaître (ἐφανέρωσεν), il amène à la lumière et à la forme[109] ces éléments amorphes. Mais une autre œuvre que ce Démiurge accomplit est la formation de l'Homme (l. 32-36), comme dans Irénée[110] et les *Ext. Théod.*[111]; d'abord il façonne l'homme à son image (κατ᾽ εἰκόνα), c'est l'homme hylique, puis l'homme à la ressemblance (καθ᾽ ὁμοίωσιν) des êtres célestes, l'homme psychique en formation et le

[103] Cf. IRÉNÉE, *Adv. Haer.*, I,5,1-6,4; *Ext. Théod.*, 47-54.
[104] Cf. *ibid.*, I,14,1.4.
[105] Cf. *Ext. Théod.*, 47.
[106] Cf. IRÉNÉE, *Adv. Haer.*, I,5,1.
[107] Cf. ÉPIPHANE, *Panarion*, 33,6; IRÉNÉE, *Adv. Haer.*, I,5,1; *Ext. Théod.*, 27,4.
[108] Cf. p. 9,12.[13]; aussi TracTri, p. 104,16-30; 123,12-22.
[109] Cf. *Ext. Théod.*, 48,1.
[110] Cf. *Adv. Haer.*, I,5,5-6.
[111] Cf. 50; 53-54.

pneumatique. C'est de ce dernier (l. 36-38) que la Sophia fait une demeure à la disposition des semences ou, comme le dit Irénée[112]: l'homme pneumatique est semé secrètement dans l'âme provenant du Démiurge, ainsi que dans le corps hylique, de sorte que, dans cette gestation, prenant de la croissance, cette semence devienne prête à recevoir le parfait Logos.

p. 38

Pour illustrer cette séparation des pneumatiques et des hyliques (charnels), l'auteur va se servir de l'image du combat du diable avec les Puissances célestes et de sa chute dans le monde et l'homme (l. 13-22). L'histoire d'Adam est suivie de celles d'Abel et de Caïn (l. 24-27) et de l'union des fils de Dieu avec les filles d'hommes (l. 27-36), ce qui amène un cataclysme, tant il est vrai que le Démiurge regrette sa création du cosmos (l. 36-39).

Le διάβολος n'apparaît pas si fréquemment dans le corpus de Nag Hammadi. En dehors du Baptême A (Bap A) (p. 40, 16-17) où il est uni au serpent et au scorpion (*Lc*, 10,19), c'est l'EvEgypt[113] qui décrit le mieux la consommation du monde et la remontée de la race de Seth au Plérôme, après le combat de cette dernière[114] avec le diable. Celui-ci est un principe de ce monde[115], le gardien des portes célestes (l. 16) empêchant l'âme de remonter au ciel[116], c'est le Cosmocrator, «l'Archonte de gauche» (l. 30) qui, chez Valentin, est émis par la Sophia en même temps que le Démiurge, et sur le même plan[117], alors que pour Ptolémée, ce Cosmocrator est créé par le Démiurge[118] avec tous les êtres de la «gauche»[119]. Dans l'HypArch[120], il est à identifier au Jaldabaoth plongé dans le Tartare et engendrant l'androgynie inférieure. Il est le Protarchonte de l'ApocrJn (II)[121] qui séduit l'Eve inférieure et est à l'origine des engendrements de l'humanité[122]. Ce Jaldabaoth est en

[112] Cf. *Adv. Haer.*, I,5,6.
[113] Cf. p. 61,1-62,13.
[114] Cf. GrSeth, p. 56,26; 58,10; PrôTri, p. 41,9; ApocrJn (BG), p. 121,19.
[115] Cf. HIPPOLYTE, *Elenchos*, VI,33,1; 34,1.
[116] Cf. *Apocalypse de Paul* (ApocPaul), p. 20,10; 21,27; 22,11; ActPi, p. 12,7-8; ParSem, p. 32,2.16.
[117] Cf. IRÉNÉE, *Adv. Haer.*, I,11,1.
[118] Cf. *Ibid.*, I,5,4.
[119] Cf. *Ibid.*, I,5,1-2.
[120] Cf. p. 95-96.
[121] Cf. p. 24,9.16.
[122] Cf. *Écrit sans Titre* (Ecr sT), p. 100,14.19. 24; 102,11; 103, 1-35; GrSeth, p. 43,2ss.

somme le dieu des Juifs. Ses autres noms dans le corpus de Nag Hammadi sont Aldabaoth et Jaltabaoth. Selon l'ApocrJn du BG[123], il s'est détaché de ses origines en quittant le lieu où il était né, et, comme le dit notre auteur (l. 18-21), il entra dans l'hylique sous qui se cache l'homme de Dieu, l'homme intérieur, l'ἔσω ἄνθρωπος[124] connu aussi bien de l'hermétisme[125] que des textes de Nag Hammadi[126]. L'Adam hylique à l'encontre de l'Homme intérieur, engendra une génération mêlée de purs (Abel) et d'impurs (Caïn) (l. 22-27). Contrairement aux *Ext. Théod.*[127], où Caïn est l'hylique, Abel, le psychique, et Seth, le pneumatique, comme dans nombre de textes de Nag Hammadi, il n'y a que le pneumatique et le hylique qui soient ici opposés l'un à l'autre, le valentinisme primitif ou ses sources, — car nous pourrions être ici à la source de la grande idéologie gnostique valentinienne ou de l'hérésiologie primitive substantiellement exacte dans ses données sur le valentinisme, — ne réussissant jamais à bien définir le psychique. Et c'est du souffle du Démiurge[128] que naissent comme ici l'homme hylique entièrement façonné de substance diabolique et le psychique = pneumatique[129], l'homme à l'image (κατ' εἰκόνα) et l'homme à la ressemblance (καθ' ὁμοίωσιν).

Cette opposition entre pneumatiques et hyliques va produire (l. 27-39) le combat et l'apostasie des anges déchus et de l'humanité, le combat de ceux de droite (pneumatiques) et ceux de gauche (hyliques), ceux du ciel et de la terre, des pneumatiques et des charnels, du diable contre Dieu. C'est dire que l'humanité, dans tout ce parallélisme synonymique, est celle de la race élue invisible aux Archontes et au Démiurge, l'ἀποστασία des anges n'apparaissant qu'ici dans le corpus de Nag Hammadi[130] et dans le valentinisme[131] pour désigner la chute de l'élément céleste.

Mais, vu que dans le valentinisme les Archontes sont soumis au

(les relations de l'Archonte avec l'Adam charnel): l'Archonte y est à l'origine des déchéances de l'Ancien Testament, cf. *Ibid.*, p. 61ss; 68,29.

[123] Cf. p. 119,15.

[124] Cf. IRÉNÉE, *Adv. Haer.*, II,19,2; 30,7; III,15,2.

[125] Cf. J. É. MÉNARD, «La gnose à l'époque du syncrétisme gréco-romain» in *Mystères et syncrétismes* (*Études d'Histoire des Religions*, 2), Paris, 1977, p. 95-113.

[126] Cf. B. BARC, *L'Hypostase des Archontes* (*BCNH*, Section «Textes», 5), Québec/Louvain, 1980, Introduction, p. 6-19 sur les rapprochements de l'HypArch, l'Ecr sT et l'ApocrJn.

[127] Cf. 54.

[128] Cf. IRÉNÉE, *Adv. Haer.*, I,5,5.6; HIPPOLYTE, *Elenchos*, VI, 34, 4-5.

[129] Cf. *Ext. Théod.*, 50; 53-54.

[130] Cf. ApocrJn (BG), p. 45,11.

[131] Cf. IRÉNÉE, *Adv. Haer.*, I,3,3; 16,1; II,20,2-5.

Démiurge et à la Sophia et ces derniers au Sauveur et au Père, le Démiurge, inconsciemment sans doute, reportera les semences spirituelles dans l'Unité du Plérôme (p. 39); même l'union des fils de dieux et des filles d'hommes qui entraînera le cataclysme voulu par le Dieu-Démiurge (l. 34-39) servira au salut de la race élue.

Le thème de l'union des fils de dieux et des filles d'hommes de *Gn.*, 6,1-4, s'il a une longue histoire dans la littérature juive pseudépigraphique [132] et s'il est à la base du mythe de la séduction de l'Ève matérielle par les Archontes dans l'HypArch [133], par exemple, cette union des fils de dieux et des filles d'hommes [134] va conduire la jalousie des Archontes et la déception du Démiurge à provoquer un cataclysme pour détruire le monde. Ainsi que l'écrit B. Barc [135], si la beauté des filles d'hommes attire les Archontes et les pousse à les désirer, c'est qu'il s'agit de la beauté de la race de Seth, l'élément pneumatique. Aussi le mythe de *Genèse* est-il totalement inversé; alors que dans le texte canonique, la perversité des hommes était à l'origine du déluge, dans l'HypArch au contraire, c'est la beauté des séthiens qui va provoquer la jalousie des *elohim* et leur décision d'exterminer les hommes par le déluge [136], le κατακλυσμός [137].

p. 39

Cette page décrit le retour au Plérôme de toutes les semences qui constituent autant de Plérômes (l. 27) [138]; dans le valentinisme les πληρώματα sont les couples d'Éons, comme Logos, *logoi* [139], alors que tout ce qui vient d'un seul est image. Image et ombre (l. 17) semblent être synonymes; σκία n'aurait pas un sens nécessairement négatif; c'est ainsi que dans les *Ext. Théod.* [140], l'ombre de la gloire du Sauveur, — de cette gloire dont il jouit auprès du Père —, c'est sa venue ici-bas et l'ombre de la lumière n'est pas ténèbres, mais illumination.

[132] Cf. J. É. MÉNARD, «Littérature apocalyptique juive et littéraire gnostique», in J. É. MÉNARD (éd.), *Exégèse biblique et judaïsme*, Strasbourg, 1973, p. 146-169.
[133] Cf. p. 87,13-23.
[134] Cf. *Ibid.*, p. 92,3-4.
[135] Cf. *L'Hypostase des Archontes*, p. 110.
[136] Cf. HypArch, p. 92,4-18.
[137] Cf. EvPhil, p. 84,35; HypArch, p. 92,6; EvEgypt (III), p. 61, 1 ss (le déluge ne laissera sur terre que la race élue); même sens dans *Le Concept de notre Grande Puissance* (GrPuis), p. 38, 32 ss; aussi ParaSem, p. 28,5.14; ApocrJn (BG), p. 72,15.
[138] Cf. TracTri, p. 85,32; 124,29; EvPhil, p. 84,14.
[139] Cf. IRÉNÉE, *Adv. Haer.*, I,14,2; *Ext. Théod.*, 32,1; 33,1.
[140] Cf. 18,2.

Le parèdre (l. 13) qui est à l'origine de ce retour à l'unité des syzygies plérômatiques est le Parfait. Le Parfait est sans doute le Père dans le valentinisme, mais aussi le Logos qui sera reçu finalement par les valentiniens [141]. Ainsi que nous le disions dans le commentaire des p. 33 et suivantes, en somme, le Logos, qui est le Christ-Sauveur-Jésus, «forme» du Plérôme, — contenu éminemment dans le Sauveur d'en-haut, «fruit» de ce Plérôme, puis enveloppé de la «chair» de ses semences pour apparaître aux hommes —, ce même Logos sera aussi (du côté de l'objet) à l'intérieur des «élus», pour constituer leur «Homme pneuma-tique», dans cette semence de *Pneuma* issue du Plérôme et successive-ment «formée» et développée par lui. Ainsi, les pneumatiques qui sont fils de *Pneuma*, — de ce *Pneuma* initial qui est l'essence du Plérôme —, du «Pneuma saint», aussi restaurateur et formateur de Sagesse (con-jointement avec le Christ-Logos), ces «pneumatiques sont les fils du Logos», dont ils tiennent leur «formation selon l'existence» et leur ultime «perfection». C'est sous l'influence de ce Logos que se dévelop-pera leur «nature pneumatique» dont la perfection sera le «parfait Logos».

Et c'est grâce à Sophia, à Jésus, aux anges et aux semences qui sont des images du Plérôme (l. 13-16) que ce processus de salut s'effectuera (l. 25-27).

Ce Logos qui effectue le retour à l'Unité est pour la gloire de la Sophia, et l'image est pour la gloire de la Vérité, comme la gloire de Jésus et des semences est le Monogène (l. 20-24). La Vérité est un élément de la première Tétrade de la p. 29, et elle serait le conjoint de la Pensée-Monogène (p. 24,33) ou encore *Noûs*. Tous ces éléments sont à la gloire les uns des autres, ici comme à la p. 29, par exemple. Une des lois de la gnose est celle d'extension et de réabsorption. Ainsi Logos et Pneuma sont à l'origine de l'expansion divine, de la manifestation de l'intérieur vers l'extérieur, à travers les différents degrés de la gnose: Plérôme, Hebdomade, monde d'ici-bas. Et ils en sont aussi au terme, par une «récapitulation» et une réabsorption de ces éléments successifs et maintenant «réintégrés», ce qui constituera la «restauration» finale.

Et c'est par l'intermédiaire des anges, semences mâles [142], s'unissant aux semences femelles de la Sophia (l. 25-27), que s'effectue la réunion au Plérôme et que les uns et les autres constituent des Plérômes. Et le Plérôme reçoit la Sophia avec joie (l. 33). Le Plérôme valentinien est un

---

[141] Cf. IRÉNÉE, *Adv. Haer.*, I,5,6; II,19,6; HÉRACLÉON, Fragment 33.
[142] Cf. *Ext. Théod.*, 44,1; 53,3.

lieu de joie[143]. Héracléon parle de la joie de chaque ange réuni à l'âme qui est sienne[144] ou encore, pour Théodote[145], l'union de l'époux et de l'épouse crée le «Plérôme de joie».

La restauration ou le retour des Éons = parfaits à leur origine (l. 35-39) est une manifestation que le monde céleste est sans changement, contrairement au monde d'ici-bas[146] : le changement illustre le caractère transitoire de ce monde[147]. La forme ⲁⲧⲱⲃⲉⲓⲉ n'existe qu'ici dans le corpus de Nag Hammadi.

Les trois fragments sur le baptême et les deux sur l'eucharistie (Bap A = 40,1-29; Bap B = 40,30-41,38; Bap C = 42,1-43,19; Euch A = 43,20-38; Euch B = 44,14-37) renferment une doctrine assimilable au traité précédent et, dans l'état actuel de la recherche, ils sont à situer dans le sillage d'un enseignement valentinien.

p. 40,1-29

Les valentiniens faisaient la distinction entre deux baptêmes. Le premier est celui qui remet les fautes et le second est une onction de lumière qui est la véritable confirmation[148], celle de la Lumière, qui fait de l'initié un véritable chrétien, puisqu'elle le fait participer de l'union du Père et du Fils (l. 21-22) et, l'auteur ajoute, de l'union du Père avec l'Église et les anges, c'est-à-dire le Plérôme ou les Plérômes, les couples célestes (p. 39,25-27).

La venue du Christ-Jésus est d'oindre les parfaits (l. 13); le jeu de mots était bien connu des valentiniens (χρίειν – χρῖσμα –χριστός). Et c'est cette onction qui peut vraiment libérer du diable, des serpents et des scorpions (l. 15-17), cf. Lc, 10,19.

Comme dans les Ext. Théod.[149], le Christ est le berger de la semence spirituelle (l. 18-19). Dans l'AuthLog[150] et en Silv[151], il désigne le Christ. Dans l'ApocrJac[152], les bergers enseignent la semence grâce aux paraboles du Christ (Mt., 18,12-14) et au Logion 107 de l'EvTh le

---

[143] Cf. IRÉNÉE, Adv. Haer., I,2,6.
[144] Cf. Fragment 35.
[145] Cf. Extrait 65.
[146] Cf. Rheg, p. 48,22-26.
[147] Cf. J. É. MÉNARD, Le Traité sur la Résurrection (BCNH, Section «Textes», 12), Québec, 1983, ad loc.; aussi EvVer, p. 17,26; 36,13; Eug (III), p. 72,17; 76,7; 81,15; 89,23.
[148] Cf. IRÉNÉE, Adv. Haer., I,21,5; EvPhil, p. 69,1-14; 74,12-24.
[149] Cf. 73,2.
[150] Cf. p. 32,11.34; 33,2 et J. É. MÉNARD, L'Authentikos Logos (BCNH, Section «Textes», 2), Québec, 1977, ad loc.
[151] Cf. p. 106,28.
[152] Cf. p. 8,6-7.

Royaume ressemble à un berger. Mais la parabole du berger recherchant la 100ᵉ brebis et abandonnant les 99 autres faisait l'objet de savants commentaires arithmologiques chez les marcosiens[153]. Ils illustraient le salut de la semence spirituelle et son retour à l'Unité en se servant du comput digital connu de l'Antiquité, selon lequel on comptait sur la main gauche jusqu'à 99 et on passait à la main droite pour recommencer à 100, l'Un : la complétude, la perfection[154]. Comme dans l'EvVer[155], le TracTri[156], et *Norea* (Nor)[157], les Éons de l'Église sainte et l'âme redécouvrant ses origines dans le Christ glorifient le Père dans une doxologie (l. 21-29) que l'on ne retrouve pas telle quelle dans d'autres traités de Nag Hammadi, mais que l'on peut rapprocher de celles de l'*Exégèse de l'Âme* (ExAm)[158], ou, mieux encore, sans doute, de la PrôtTri[159].

Une expression qui souligne l'éternité du Plérôme est celle d'«Éons des Éons» qui désigne l'Église céleste préexistante (l. 26-28) comme en TracTri[160]. Les gnostiques ont transformé la notion temporelle d'éons et l'ont assimilée à une notion spatiale, comme ils l'ont fait pour la conclusion de doxologies courantes, tel l'«in saecula saeculorum»[161]. Ces deux sens de l'éon se rencontrent déjà chez Aristote. Ces Éons sont sans trace (?) (l. 28) (ἀνεξιχνίαστος), un terme qui souligne l'inscrutabilité du monde céleste, cf. p. 28,38.

p. 40,30-41,38

Pour bien saisir ce que l'auteur entend par enseignement fondamental (κεφαλαῖον) de la gnose qui conduit au Plérôme, lequel nous a été révélé par le Seigneur Jésus-Christ, le Monogène (p. 40, l. 30-34), et qui est à la base de l'initiation du baptême d'eau, il faut comprendre que ce baptême était la porte d'entrée qui introduisait à l'onction dans bien des cercles du gnosticisme naissant. À l'exception de certains passages de l'Ecr sT[162],

---

[153] Cf. IRÉNÉE, *Adv. Haer.*, I,16,2.
[154] Cf. EvVer, p. 31,35-32,30 et J.É. MÉNARD, *L'Évangile de Vérité* (*NHS*, 2), Leiden, 1972, p. 149-152.
[155] Cf. p. 19,33 s ; 41 ss.
[156] Cf. p. 69,8-38 ; 70,7 ; 87,17-21 ; 97,5-9 ; 129,30-34.
[157] Cf. p. 28,1-23 ; 37,30-38,30.
[158] Cf. p. 137,25.
[159] Cf. p. 37,30-38,30.
[160] Cf. p. 58,29-59,1.
[161] Cf. IRÉNÉE, *Adv. Haer.*, I,3,1.
[162] Cf. p. 122,14.

de la ParaSem[163], du GrSeth[164], de Zost[165] ou du TemVer[166], la grande majorité des textes de Nag Hammadi, où apparaissent ϫⲱⲕⲙ, βαπτίζειν, βάπτισμα, font du baptême un baptême d'eau vive, un portail du Plérôme, encore qu'il soit celui de la repentance (celui de Jean-Baptiste sanctifié par Jésus); il y occupe, certes, un rang inférieur mais il est intimement lié à l'onction[167]. Un passage comme celui de l'ExAm (p. 135,21-24) illustre bien ce rang du baptême dans les communautés gnostiques primitives: le début du salut est le repentir, c'est pourquoi, avant l'apparition du Christ, vint Jean, prêchant le baptême du repentir. Ce baptême reconduit ses initiés aux Éons qui sont sûrs (βέβαιος, un hapax dans le corpus de Nag Hammadi) et nécessaires (l. 34-35). Seule la résurrection est dite nécessaire[168]; la sûreté et l'ἀναγκαῖον désignent les valeurs célestes. En AuthLog[169], les entrepôts célestes sont sûrs. Aussi faut-il marcher (ⲙⲟⲟϣⲉ) dans la voie des Éons (l. 36-37)[170]; ⲙⲟⲟϣⲉ a également le sens de suivre le Lógos dans la GrPuis[171].

Si les Éons sont ceux du premier baptême (l. 37-38), c'est parce que ce dernier est celui du rejet des péchés (p. 41, l. 10-23) et que nous sommes en partie dans ce qui est de droite (l. 23-25), la droite étant le symbole de l'Unité, de la perfection (cf. commentaire des l. 18-19 de la page précédente), c'est-à-dire de l'incorruptible (l. 26), l'état de la substance pneumatique étant l'ἀφθαρσία[172], c'est-à-dire celle conférée par le Jourdain céleste[173], alors que dans le TemVer[174], c'est le Jourdain terrestre qui est le pouvoir du corps, i.e. des sens du plaisir et Jean est l'Archonte des entrailles maternelles. Notre auteur accepte les deux sens du Jourdain, puisqu'il dit que le lieu du Jourdain est le monde (l. 28-29). On passe du monde des images à celui des réalités célestes (l. 30-31) comme dans l'ExpVal.

---

[163] Cf. p. 30,24; 31,16; 38,6; 40,27.
[164] Cf. p. 58,16.
[165] Cf. p. 25,19.
[166] Cf. p. 69,8. 21-22.
[167] Cf. EvPhil, p. 61.19.20; 67,28; 69,22.[25]; 73,6; 74,13.15; 77,8; ExAm, p. 131,29; 135,24; EvEgypt (III), p. 63,10.24; 65,25; 66,4; DialSauv, p. 134,7; ApocAd, p. 84,7; Zost, p. 15,6.9; 17,4; 23,5.16.17; 24,29; 53,15.25; PrôtTri, p. 41,24; 45,17; 48,19. (AcPil2Ap), p. 2,2; 5,1-7; 10,2: DP, p. 75.28.36.
[168] Cf. Rheg, p. 44,7.
[169] Cf. p. 25,25.
[170] Cf. GrPuis, p. 39,10.
[171] Cf. p. 43,26-28; aussi ParaSem, p. 41,19.25; 42,7; 48,30.
[172] Cf. PTOLÉMÉE, *Lettre à Flora*, p. 457,4-8 Holl; IRÉNÉE, *Adv. Haer.*, I,2,9; 4,1.
[173] Cf. EvPhil, p. 70,35-71,3.
[174] Cf. p. 30,18-31,5.

L'auteur joue sur le nom de Jean-Baptiste (l. 31-33) pour expliquer ce retour à l'Éon : Ἰωάννης = Αἰών. De fait, pour le valentinien Héracléon[175] Jean-Baptiste est à la fois un psychique et un pneumatique, et il s'identifie au Logos, puisqu'il est la figure du Démiurge psychique tout autant que du Sauveur pneumatique, alors qu'à la page suivante (l. 11) il aura un rôle vraiment de ce monde[176].

Cette descente (l. 35) contient un autre jeu de mots sur celui de Ἰορδάνης (héb. ירד = descente). Cette descente est qualifiée de κατάβασις dans le monde et un exode du monde (l. 35-38)[177]. Une interprétation de *Rm.*, 6 n'est pas ici à exclure : on descend dans la mort au monde pour remonter dans l'Éon.

Ce que l'on pourrait avoir tendance à oublier dans l'interprétation de notre auteur au sujet du baptême, de Jean-Baptiste et du Jourdain, c'est qu'il joue sans cesse sur l'image terrestre et la réalité céleste, comme le fait l'ExpVal, qu'il fait sans cesse appel aux lois gnostiques d'extension et d'enveloppements, de réabsorption et de loi communautaire. Jean-Baptiste, la Voix, connaturelle au Logos, se fond dans ce Logos ; c'est un élément faible qui devient un élément fort, c'est-à-dire qu'elle devient pneumatique. Les apparentes oppositions de la page suivante ne contredisent pas ce point de vue.

p. 42,10-43,19

Le baptême nous fait passer de l'amertume du monde dans la douceur de Dieu-Père (l. 12-13). Le Dieu de l'Ancien Testament pour l'EvVer[178] est πικρός. Le terme se rencontre à l'époque sub-apostolique pour désigner le diable[179] ou les mauvais anges[180]. Ici il s'appliquerait au monde : πικρία est une passion d'ici-bas[181]. Et l'on passe de cette amertume du monde dans la douceur en Dieu-Père[182]. C'est donc dire que le terme ou l'idée sont éminemment valentiniens, puisqu'ils ne se retrouvent pas ailleurs dans le corpus de Nag Hammadi.

---

[175] Cf. Fragments 5 ; 6 ; 7 ; 8 ; 10.
[176] Cf. EvTh, Logion 46 : surtout TemVer, p. 31,1-5 ; 45,6-15 ; GrSeth, p. 63,31-64,1.
[177] Cf. AuthLog, p. 22,18-22 ; TemVer, p. 30,24-30.
[178] Cf. p. 42,5.
[179] Cf. HERMAS, *Le Pasteur*, XII, 4,6 (*Mand.*).
[180] Cf. *Ibid.*, VI, 2,4.
[181] Cf. ApocrJn (II), p. 18,28 ; ThAthl, p. 139,33 ; 140,32 ; 141,34 ; 143,28 ; 145,9 ; InterpGn, p. 6,17 : l'amertume du monde.
[182] Cf. EvVer, p. 24,9 ; 31,20 ; 33,33 ; 41,3 ; 42,8 ; aussi TracTri, p. 53,5 ; 55,25.33 ; 56,15 ; 57,29 ; 63,28 ; 72,11 ; 136,23 ; 138,14.

On passe également (l. 14-20), grâce au baptême, du charnel au spirituel, du physique à l'angélique (cf. p. 36,24-27; [37,17]; 38,29. 34; 39,[14,19,25]. 31; [40,24]), de la créature au Plérôme, du monde dans l'Éon, aussi de l'état d'esclave à celui de fils. L'état d'esclave est dans les textes gnostiques celui de l'esclavage à la matière[183]; on retrouve ϩⲙϩⲁⲗ opposé à ϣⲏⲣⲉ dams l'EvPhil[184]. Le baptême nous élève également au-dessus des confusions et nous introduit dans l'union les uns des autres (l. 21-22): il s'agit de la confusion[185] qui est à l'opposé de l'Unité et du repos (ἀνάπαυσις). Le baptême est le passage du chemin au village (l. 22-23). Au lieu d'employer ⲏⲓ, «maison», pour désigner le Plérôme[186] ou πόλις[187], notre auteur emploie ⲧⲙⲉ[188] et qui est à distinguer de πόλις en EvPhil[189]. Serait-ce un indice d'un milieu social différent, semblable à celui des passants de l'EvTh (Logion 42) allant de relais en relais dans leur cheminement[190]? Le passage du froid au chaud, ensuite, ne peut être que conjectural (l. 23-24), d'autant plus que ϩⲙⲁⲙ est masculin. Si la conjecture était bonne, vu que θέρμη est féminin et que le traducteur aura pu commettre une erreur de traduction, un des meilleurs commentaires de ces deux lignes 23-24 serait celui de l'EvVer où l'âme (ψυχή), devenue ψυχρός en tombant dans la matière, est attirée par le souffle chaud du Plérôme[191].

Des lignes 28 à 39 l'auteur poursuit cette remontée de l'âme à l'Unité grâce au baptême, encore que le commentaire ne puisse être encore une fois que conjectural. Les semences féminines d'ici-bas (cf. p. 33,17; 35,12. 16. 17. 33; 37,23. 38; 39,[12]. 15. [23]. 26. 30) deviennent des corps(?) de forme parfaite, c'est-à-dire que le Démiurge corporifie les substances incorporelles, unissant ceux du haut et ceux du bas, les anges et les semences[192]: nous sommes des τύποι des êtres célestes, comme toutes les choses d'ici-bas sont les τύποι des choses d'en-haut[193]. Les semences spiritualisées appartiennent au petit reste (un hapax dans le corpus de

---

[183] Cf. ThAthl, p. 141,31; lApocJac, p. 32,1; GrSeth, p. 65,16.
[184] Cf. p. 80,24.30; 81,12.
[185] Cf. EvVer, p. 42,24 ss.
[186] Cf. PrPaul, IA,7; TracTri, p. 135,21; EvPhil, 56,1-2; ExAm, p. 136,21; 137,11.
[187] Cf. ApocrJac, p. 11,20.23; TracTri, p. 96,36; *Actes de Pierre et des 12 Apôtres* (AcPil2Ap), p. 2,2; 5,1-7; 10,2; DP, p. 75.28.36.
[188] Le terme est bien attesté dans notre texte, et F. SIEGERT, *Register*..., semble l'avoir omis.
[189] Cf. p. 63,18-19.
[190] Cf. *L'Évangile selon Thomas* (NHS, 5), Leiden, 1975, p. 21, 189, 192.
[191] Cf. J. É. MÉNARD, *L'Évangile de Vérité* (NHS, 2), p. 158 ss.
[192] Cf. *Ext. Théod.*, 47,3 et F. M. M. SAGNARD, *La gnose valentinienne*..., p. 243-244.
[193] Cf. IRÉNÉE, *Adv. Haer.*, I,7.2.

Nag Hammadi!), comme dans la Bible, grâce auquel le Christ nous a sauvés dans la communauté de son esprit, c'est-à-dire que l'âme devient esprit ou que l'esprit rejette son enveloppe psychique qu'était l'âme[194].

p. 43,20-38

Malgré la lacune de la l. 22, il semble bien que les deux Fragments des p. 43 et 44 soient consacrés à l'eucharistie, vu qu'il est fait mention de nourriture et de boisson (p. 44,20-21. 35), et non seulement d'action de grâces, rendue en copte par ϣⲱⲡ ⲛ̄ⲙⲁⲧ (l. 20) et distinguée de l'εὐχαρισ-τία. Il ne s'agit donc pas d'action de grâces comme dans le TracTri[195], mais bien d'eucharistie comme en EvPhil[196]. Si en EvPhil, p. 63,21-24, on brisait l'hostie en forme de Christ crucifié et dont les parties étaient rassemblées par le Christ crucifiant le monde[197], notre texte est beaucoup plus d'appartenance *Urkatholizismus*, et l'on ne saurait se baser sur ce que dit Irénée du rite eucharistique marcosien pour le commenter[198].

Lors de leur rite eucharistique, à l'épiclèse (l. 31-38), les gnostiques accomplissent la volonté du Père, en invoquant le Nom de Jésus-Christ. L'invocation du Nom était fondamentale chez les valentiniens[199]. Dans les *Ext. Théod.*[200] le Nom, c'est le Fils Monogène qui est la Gnose et la Forme des Éons: le Nom, en perdant son unité, s'est morcelé entre les Éons comme les lettres d'un mot. Il n'est plus que son ombre. Aussi faut-il le prononcer en son entier pour être parfait; autrement on tombe, à l'exemple de Sophia, dans l'ignorance, l'absence de Forme, le vide et l'ombre. Chez Marc le Mage[201] le Nom inexprimable dans le Plérôme est encore exprimé par Fils ou par Christ. Mais, comme pour Jésus, ce sont là des noms «exprimables». Le nom inexprimable s'est enveloppé de chair pour descendre jusqu'à notre perception sensible, portant toutefois en lui-même le Logos transcendant et le Sauveur sensible. Pour ceux qui l'invoquent a cessé l'ignorance (d'où: Gnose); les hommes sont passés de la mort à la Vie (Vie: compagne du Logos et résurrection pneumatique);

[194] Cf. *Ibid.*, I,21.5.
[195] Cf. *Ibid.*, 96,26; 126,19.
[196] Cf. p. 58,11; 63,21; 67,29; 75,17.
[197] Cf. J. É. MÉNARD, *L'Évangile selon Philippe*, p. 168-170.
[198] Cf. IRÉNÉE, *Adv. Haer.*, I,13,1 et J. É. MÉNARD, «Les repas 'sacrés' des gnostiques», *RevScRel* 55 (1981) 43-51.
[199] Cf. EvVer, p. 38,6-40,20 et J. É. MÉNARD, «Les élucubrations de l'Evangelium Veritatis sur le 'Nom'», *SMR* 5 (1962) 185-214; J.-D. DUBOIS, «Le contexte judaïque du 'Nom' dans l'*Évangile de Vérité*», *RThPh* 24 (1974) 198-216.
[200] Cf. 31,3-4.
[201] Cf. IRÉNÉE, *Adv. Haer.*, I,14-16.

le Nom est devenu le guide des parfaits pour les conduire au Père de Vérité. Remis dans ce contexte valentinien de l'Exposé qui les précède, ces Fragments sur le baptême et l'eucharistie peuvent donner à «grâce» (l. 35) un sens technique. Les Éons sont constitués dans leur perfection par la grâce du Père. Ils apprennent «que ce qu'ils sont, c'est par la Grâce du Père: Nom qu'on ne peut nommer, Forme et Gnose»[202], ils sont purs par la venue du Sauveur, c'est-à-dire qu'ils sont confirmés, consolidés: en Irénée[203], στηρίζειν est souvent accompagné d'équivalences, comme précisément καθαρίζειν, vu que la nature divine est pure[204] et que la Limite doit purifier ceux qui entrent au Plérôme[205]. Il s'agit de la purification des passions.

Ce premier Fragment sur l'eucharistie se termine par une doxologie adressée au Père, au Monogène et à Jésus-Christ. Une semblable doxologie ne se retrouve qu'en TracTri[206] avec «maintenant» et «toujours». Le ϣⲁ ⲉⲛⲉϩ seul conclut avec ϩⲁⲙⲏⲛ la majorité des doxologies du corpus de Nag Hammadi.

p. 44,14-37

La nourriture et la coupe (l. 20-21.35) se retrouvent en EvPhil[207]. La coupe est empruntée à 1 *Co.*, 11,25 ss. L'eucharistie entraîne, comme dans le Fragment précédent, la pureté, c'est-à-dire la réunion au Plérôme. Et c'est à sa mort que le spirituel obtiendra la spiritualisation parfaite (l. 33-34).

---

[202] Cf. *Ext. Théod.*, 31,3.
[203] Cf. *Adv. Haer.*, I,2,4; 3,5.
[204] Cf. HÉRACLÉON, Fragment 24.
[205] Cf. IRÉNÉE, *Adv. Haer.*, I,2,4; 3,5.
[206] Cf. p. 138,20-24.
[207] Cf. p. 57,7-8; 75,1; 77,3.

INDEX

L'ordre de classement retenu dans l'index copte est celui du dictionnaire de CRUM. Lorsque la forme type choisie par CRUM n'est pas attestée dans le texte, elle est indiquée entre parenthèses.

Les variantes orthographiques ont été relevées systématiquement ; lorsque plusieurs variantes orthographiques sont attestées pour un même vocable (dans l'index copte comme dans l'index grec), elles sont identifiées par un chiffre placé en exposant.

Les références correspondant à des reconstitutions sont indiquées entre crochets.

(ⲁⲙⲁϩⲧⲉ) ⲉⲙⲁϩⲧⲉ entourer
26,20.

(ⲁⲛⲟⲕ) ⲛⲧⲁⲕ m. toi
44,[30]. 31.

ⲛⲧⲁϥ(ⲥ) m. lui
22,38; 23,24; 24,22.36.

ⲁⲛⲟⲛ nous
[26,35].

ⲁⲡⲉ f. tête
[40,15.16].

ⲁⲩⲱ et
22,23.25.28; 23,20.22.28.[29]. 34.
36; 24,[20].23.25.38; 25,[19]. 22.
31; 26,20.21.[23].31.33.[33]. 37;
27,23.35; 28,32; 29,[32].38; 30,
18.[21.25.29].33.38; 31,22. [34.
38]; 32,[17].30,38; 33,[14].17. 25.
34; 34,11.[23 bis].30.33.36; 35,
[13].18.[19].31.33.35; 36,[14]. 34;
37,[12].19.[23].26.29.31; 38, 15.
[16.21].29.33.36.38; 39,14. [19.
24].29.33.[34]; 40,16.[19].20. 35;
42,11.26.[34.36]; [43,20.33].

(ⲁϩⲟ) ⲉϩⲟ m. trésor
26,19.

ⲃⲱⲕ ⲁⲃⲁⲗ ϩⲛ quitter
[34,25]; [41,36].

ⲃⲱⲕϩ!ⲃⲁⲗ ⲛ- quitter
[31,35].

ⲃⲱⲕ ⲁϩⲟⲩⲛ ⲁ- entrer
25,35.

ⲃⲱⲕ ⲁⲧⲡⲉ montrer
33,22.

(ⲃⲟⲗ) ⲙⲡⲃⲁⲗ ⲛ- à l'extérieur de
34,26 s.

ⲁⲃⲁⲗ ⲛ-, ⲙⲙⲁ⸗[1] de
23,25[1]; 33,12; [38,17]. Cf. ⲉⲓ

ⲁⲃⲁⲗ ϩⲛ- cf. ϩⲛ-
[38,18; 41,28; 42,11].

(ⲉⲛⲉϩ) ϣⲁ ⲁⲛⲏϩⲉ, ⲁⲛⲛⲏϩⲉ-[1]
pour toujours
[40,25.26[1]]; 43,39; 44,36.

ⲉⲣⲏⲩ + possessif: les uns les autres
29,25; 35,34; [38,23]; [42,22].

ⲉⲧⲃⲉ, ⲉⲧⲃⲏⲧ⸗[1] à cause de, pour
22,35; 24,28[1].32; 36,17; 38,12.

ⲉⲧⲃⲉ ⲡⲉⲉⲓ c'est pourquoi
24,36; 28,33; 34,26; 38,22.34.

ⲉⲧⲃⲉ ⲉⲩ cf. ⲟⲩ

(ⲉⲟⲟⲩ) ⲉⲁⲩ m. gloire
25,37; 29.31.32.33.35; 31,21; 37,
25; 39,[21.22].22; [40,21]; [43,
36]; 44,36.

† ⲉⲁⲩ glorifier
24,35; [40,20].

ⲉⲓ, ⲓ[1] venir
[26,23]; [34,17].

ⲉⲓ ⲁⲃⲁⲗ venir, sortir
[22,31]; 30,24; 43,24

ⲉⲓ ⲁⲃⲁⲗ ϩⲛ- sortir de
[30,21 s].

ⲉⲓ ⲁⲡⲓⲧⲛ descendre
23,35; [26,25]; 33,34; 38,36.

ⲉⲓ ⲁϩⲣⲁⲓ descendre
35,18.

ⲉⲓ ⲁϩⲟⲩⲛ ⲁ- pénétrer
[23,32]; 32,36; 37,15 s.

ⲉⲓ ⲉϩⲏⲧ ? entrer
[22,2[1]].

cf. ϩⲓⲏ

(ⲉⲓⲙⲉ) ⲙⲙⲉ reconnaître
28,37.

ⲉⲓⲛⲉ, ⲛ-[1], ⲛⲧ⸗[2] apporter, emporter, porter
23,27; 24,34[1]; 31.38[1].

ⲉⲓⲛⲉ ⲁϩⲟⲩⲛ ⲁ- introduire
35,35[2].

ⲉⲓⲛⲉ ⲁⲃⲁⲗ apporter, produire
25,21.38; 30,29.[35]; [32,39]; [35,
19.24]; 36,19 s.21; 42,35.

ⲉⲓⲛⲉ ⲁⲃⲁⲗ ϩⲛ- emporter loin
de
[41,23]; [42,28[2]].

ⲉⲓⲛⲉ ⲁⲃⲁⲗ ⲁϩⲟⲩⲛ ⲁ- appor-
ter dans
35,27.

ϭⲓⲛⲛⲧ⸗ ⲁⲡⲓⲧⲛ descente
24,25.
cf. ⲣⲁⲧ

ⲉⲓⲛⲉ ressembler
32,35

ⲉⲓⲛⲉ, ⲓⲛⲉ[1] m. image, ressemblance
26,38 s; 29,24; 37,35[1].

ⲉⲓⲣⲉ, ⲣ-[1], ⲟⲉⲓ†[2] faire, être
[30,35[1]]; 32,27[1].31 s; 35,12[2]; 38,
37; 43,32.34.
cf. ⲡⲉ, ϩⲱⲃ, ϩⲛⲉ-, ϩⲏⲧ,
ἀγαπότασθαι, ἄρχεσθαι, ἐπιθυ-
μεῖν, εὐδοκεῖν, εὐχαριστεῖν,
κωλύειν, μετανοεῖν, πιστεύειν,
ὑπομένειν, φέρειν, χρᾶσθαι

ⲉⲓⲱⲧ, ⲓⲱⲧ[1] m. père
22,18[1]; 23,36[1]; 24,24.27; 28,
23[1]; 34,24[1]; 35,23[1].27[1]; 36,28[1].
29[1].32[1].36[1]; 40,21[1].[21[1]].[22[1]];
43,22[1].

(ⲉⲓⲧⲛ) ⲥⲁ ⲛⲡⲓⲧⲛ m. lieu inférieur

24,26.
cf. ⲉⲓ, ⲉⲓⲛⲉ

ⲕⲉ-, pl. ⲕⲁⲩⲉ[1] autre
27,32[1]

ⲕⲉ- aussi
22,33; 34,27.
cf. ⲟⲩⲁ

(ⲕⲱ) ⲕⲱⲉ abandonner
33,34.

ⲕⲱⲉ ⲁⲃⲁⲗ m. rejet
41,[11].22.
cf. ⲣⲟ

ⲕⲓⲙ mettre en mouvement
22,38.

ⲕⲱⲧⲉ entourer
[34,20].

ⲙⲡⲕⲱⲧⲉ ⲛ- autour de
35,32 s.

ⲕⲁϩ m. terre
37,28; 38,31.

ⲗⲟ arrêter
34,12.17.22.

(ⲗⲁⲁⲩ) ⲗⲁⲩⲉ neg. personne, rien
33,29; 36,30.

ⲙⲛ ⲗⲁⲩⲉ personne
22,[23 s].36; [23,20].

ⲙⲁ m. lieu
22,38; [27,19]; 38,18.

ⲙⲁ ⲛϣⲱⲡⲉ m. demeure
37,36.

ϩⲁⲙⲁ au même instant
36,24.

(ⲙⲉ) ⲙⲁⲉⲓⲉ m. amour
22,29.

(ⲙⲉ) ⲙⲏⲉ f. vérité
24,35; 25,18; [28,23]; 29,34; [34,
24]; 39,22.

ⲛⲁⲙⲉ en vérité
[24,24.25]; [25,34].

ⲙⲟⲩ mourir
44,32.

ⲙⲟⲩ m. mort
34,21 s.

ⲙⲁⲁⲃ m. trente
30,36; [31,38].

ⲙⲁϩⲙⲁⲁⲃ trentième
31,35.

(ⲙⲟⲕⲙⲉⲕ) ⲙⲕⲙⲟⲩⲕ= penser
34,20 s.

(ⲙⲙⲛ-) ⲙⲛ- il n'y a pas
22,23.36; 23,20.

ⲙⲛ ⲙⲙⲁⲩ ne pas avoir
35,18.

ⲙⲙⲓⲛ ⲙⲙⲁ= (qui appartient en)
propre
29,34; 33,30; [38,17].

ⲙⲛ-, ⲛⲙⲙⲉ=[1] avec
23,23[1]; 24,21; 34,18.31; 35,16[1];
[36,18]; 38,30.31.32; 39,14.15.
19.20.25; [42,30.35[1]].
cf. ϣⲁϫⲉ, εὐδοκεῖν

ⲙⲛ- et
22,[16].16.28.29; 23,34.35; 25,
[20].[23].32; 26,[32].36; 27,31.
[32].32; 28,31; 29,[27].[28 bis].
[30]; 30,[17].19.31.35; 31,[28].36;
32,20.33; 33,15; 35,[10].23; 36,
12.14.[18].[19].23; 37,17.[17].18.
[27]; 38,19.28.[30]; 39,11.[11].12.
[12].18.19.23.30.31; 40,17.[23];
[43,35.38]; 44,[20].36.

(ⲙⲓⲛⲉ) ⲛϯⲙⲓⲛⲉ, ⲛⲧⲉⲉⲓⲙⲓⲛⲉ[1]
tel, de cette sorte
24,32; [35,14]; 37,29.30.37; [41,
29[1]].

ⲙⲡϣⲁ ⲛ- être digne de, mériter
34,27.

ⲙⲓⲥⲉ m. génération
43,37.

ⲙⲟⲩⲧⲉ ⲉ- appeler
24,33.

(ⲙⲁⲩ) ⲙⲙⲁⲩ, ⲙⲙⲉⲩ[1] là
[24,25[1]]; [43,28].

ⲉⲧⲙⲙⲉⲩ celui-là
22,38; [38,18].
cf. ⲙⲙⲛ-, ⲟⲩⲟⲛ

ⲙⲉⲉⲩⲉ penser
44,15.

ⲙⲉⲩⲉ m. pensée
22,33.36; 24,[24 s].31 s.33; 32,32.

ⲙⲟⲩⲟⲩⲧ tuer
[38,24].

ⲙⲓϣⲉ m. combat
38,28.

(ⲙⲟⲟϣⲉ) ⲙⲁϩⲉ marcher
40,36.

(ⲛⲟⲃⲉ) ⲛⲁⲃⲓ m. péché
41,12.15.[23].

ⲛⲓⲙ tout
43,35.[36].
cf. ⲟⲩⲟⲛ, ⲟⲩⲟⲉⲓϣ

ⲛⲟⲩⲛⲉ f. racine
22,32; 23,[19].32; 24,35; 38,17.

ⲛⲟⲩⲧⲉ m. dieu
22,30; 24,34; 28,36;[37,18]; 38,
11.14.21.33.37; 42,13.

ⲙⲛⲧⲛⲟⲩⲧⲉ f. divinité
33,32.

ⲛⲧⲁⲕ, ⲛⲧⲁϥ cf. ⲁⲛⲟⲕ

ⲛⲁⲩ, ⲛⲉⲩ[1] ⲉ- regarder, voir
25,18 s[1]; [34,19]; 40,11[1].

(ⲛⲁⲩ) ⲛⲉⲩ m. instant
24,34.

ⲙⲡⲓⲛⲉⲩ maintenant
[43,34].

ϫⲙⲡⲓⲛⲉⲩ désormais
42,36.

ⲛⲓϥⲉ ⲁϩⲟⲩⲛ ⲁ- insuffler
38,26.

(ⲛⲟϭ) ⲛⲁϭ grand
[27,28].

(ⲡⲉ) ϨⲚ ⲦⲠⲈ en haut, céleste
37,27; 38,31.

ⲣ ⲦⲠⲈ ⲛ- dépasser
31,37.

ⲡⲱⲣϣ [ⲁⲃⲁⲗ] s'étendre
23,30.

(ⲡⲱⲣⲭ) ⲡⲟⲣⲭ séparer, être séparé
[30,26].

ⲡⲱⲣⲭ ⲁⲃⲁⲗ séparer
[38,10].

ⲡⲱⲣⲭ ⲁⲃⲁⲗ ⲛ- séparer de
35,34.

ⲡⲱⲣⲭ ⲁⲃⲁⲗ Ϩⲛ- séparer de
27,37 s.

ⲣⲉϥⲡⲱⲣⲭ ⲁⲃⲁⲗ, ⲣⲉⲥⲡⲱⲣⲭ
ⲁⲃⲁⲗ[1] séparateur, séparatrice
[25,22]; 26,32[1]; 27,[30].36.

(ⲡⲱⲧ) ⲡⲏⲧϯ ⲁϨⲟⲩⲛ entrer
30,23.

ⲡⲱⲧ ⲁⲧⲡⲉ monter
[32.28]; 33,36.

(ⲡⲱϨⲧ) ⲡⲁϨⲧ ⲁⲃⲁⲗ émaner
27,21.

(ⲡⲉⲭⲉ-) ⲡⲁⲭⲉ⸗ dire
34,35.37.

(ⲣⲟ) ⲕⲁ ⲣⲱϥ m. silence
22,21.[21].

ⲣⲓⲙⲉ pleurer
[34,37].

ⲣⲱⲙⲉ m. homme
29,28.33; 30,[18].34; 31,36; 37,
34; 38,12.[20 s].35.

ⲙⲛⲧⲣⲱⲙⲉ f. humanité
38,29.

ⲙⲛⲧⲣⲙⲙⲁⲟ, ⲙⲛⲧⲣⲙⲙⲁⲉ[1] f.
abondance
[22,5][1]; [28,37].

(ⲣⲟⲙⲡⲉ) ⲣⲁⲙⲡⲉ f. année
30,38 bis.

(ⲣⲁⲛ) ⲣⲉⲛ m. nom
43,32.

(ⲣⲁⲧ⸗) ⲁⲧⲛ (ⲉⲓⲛⲉ) ⲡⲉⲧ⸗ insondable
[40,28].

ⲁⲧϭⲛ (ϭⲓⲛⲉ) ⲡⲉⲧ⸗ insondable
28,38.

(ⲣⲁϣⲉ) ⲣⲉϣⲉ m. joie
39,33.

ⲥⲁ m. endroit
44,16.
cf. ⲉⲓⲧⲛ

ⲛⲥⲁ- après
28,32 bis.
cf. ϣⲓⲛⲉ

(ⲥⲁⲃⲉ) ⲥⲃⲱ f. enseignement
37,31.

ⲥⲱⲃⲉ rire
34,35.

(ⲥⲟⲛ) ⲥⲁⲛ, pl. ⲥⲛⲏⲩ m. frère
[34,13[1]]; 38,25.

(ⲥⲱⲛⲧ) ⲥⲱⲱⲛⲧ créer
35, [15].30; 38,39.

ⲥⲱⲱⲛⲧ m. créature
35,[11].21.28; [42,17].

ⲁⲧⲥⲱⲱⲛⲧ, ⲁⲧⲥⲁⲁⲛⲧ⸗[1] in-
créé
35,24.25[1].26[1].

(ⲥⲛⲁⲩ) f. ⲥⲛⲧⲉ deux
[27,36].

ⲙⲁϨⲥⲛⲉⲩ, f. ⲙⲁϨⲥⲛⲧⲉ[1] deuxième
23,21[1].[28[1]]; 24,21[1]; 37,10.

ⲙⲡⲉⲥⲛⲉⲩ tous les deux
34,34.

(ⲥⲉⲉⲡⲉ) ⲥⲉⲡⲉ m. le reste
[42,32].

(ⲥⲧⲟⲓ) (ⲥϯⲛⲟⲩϥⲉ) ⲥϯⲥⲛⲟⲩⲃⲉ

24,22.

ⲧⲱϩⲥ oindre
[40,13].

ⲧⲁⲭⲣⲟ m. confirmation
25,31; 34,27.

ⲣⲉϥⲧⲁⲭⲣⲟ, f. ⲣⲉⲥⲧⲁⲭⲣⲟ[1] qui
confirme
[25,23]; 26,32[1]; 27,31[1].37[1].

(ⲟⲩ) ⲉⲩ quel?, qui?
34,16.32.33.

ⲉⲧⲃⲉ ⲉⲩ pourquoi?
27,30.

(ⲟⲩⲁ) ⲟⲩⲉⲉⲓ un, quelqu'un
38,13.

ⲕⲉⲟⲩⲉⲉⲓ un autre
37,9.[11].

(ⲟⲩⲁⲁ⸗) ⲟⲩⲁⲉⲉⲧ⸗ même, seul
23,23.[25].27.31; 24,37; [26,19.
35]; 34,35; 36,37.

(ⲟⲩⲟⲛ) ⲟⲩⲛⲧⲉ⸗ il y a, avoir
[23,31]; [25,34]; 28,27.

ⲟⲩⲛⲧⲉ⸗ ⲙⲙⲉⲩ avoir
22,26.34; 23,37; 26,31; 27,35.

(ⲟⲩⲟⲛ) ⲟⲩⲁⲛ ⲛⲓⲙ quiconque
44,34.

(ⲟⲩⲛⲁⲙ) ⲟⲩⲛⲉⲙ f. droite
38,30; 41,25.

(ⲟⲩⲛⲟⲩ) ⲛⲧⲉⲩⲛⲟⲩ maintenant
[43,38].

ⲧⲉⲛⲟⲩ maintenant
[40,12].

ϫⲓⲛⲛ ⲧⲉⲛⲟⲩ à partir de, maintenant
[40,24].

ⲟⲩⲱⲛϩ, ⲟⲩⲁⲛϩ⸗[1] révéler, se
révéler
24,27[1]; 25,36.

ⲟⲩⲱⲛϩ ⲛ- révéler, se révéler à
40,32[1].

ⲟⲩⲱⲛϩ ⲁⲃⲁⲗ révéler, se révéler

23,28; 24,19.36[1].39; 26,19[1].

ⲟⲩⲱⲛϩ ⲁⲃⲁⲗ m. révélation
23,33; 24,29.

(ⲟⲩⲟⲡ) ⲟⲩⲁⲁⲃ†, ⲟⲩⲁⲁϥ†[1] être
saint
25,36 bis[1]; 40,23[1].24[1]; 44,17.

(ⲟⲩⲟⲉⲓϣ) ⲟⲩⲁⲉⲓϣ m. temps,
instant
27,26.

ⲛⲟⲩⲁⲉⲓϣ ⲛⲓⲙ, ⲛⲟⲩⲁⲉⲓⲛϣ
ⲛⲓⲙ[1] à tout instant
27,24; 36,33[1]; 43,34.

(ⲟⲩⲱϣ) ⲟⲩⲱϣⲉ, ⲟⲩⲁϣ[1]- (ou
ⲟⲩⲁϣ⸗) vouloir
24,26; [28,38]; 31,33[1].34; 33,23.

ⲟⲩⲱϣⲉ m. intention, volonté
22,28; 23,29; 24,31; 36,28.29.
32.35; 43,31.33.

(ⲟⲩⲱϣ) ⲟⲩⲱⲛ sans
36,31.37

ⲟⲩⲟⲟϩⲉ f. scorpion
40.16.

ⲱⲛϩ, ⲱⲱⲛϩ[1] m. vie
[24,22]; 29,[27].30.32; [30,17.
31[1]]; [31,29[1]]; [44,23].

(ⲱⲣⲃ) ⲱⲣϥ se restreindre, s'étendre?
23,24.

ⲱⲣϣ être froid
[42,24].

(ⲱⲣϫ) ⲁⲣϫ⸗ ⲁⲃⲁⲗ confirmer,
fixer
26,38.

ϩⲛ ⲟⲩⲱⲣϫ avec assiduité, avec
diligence
28,30 s; 29,22.

(ϣ)(ⲉ)ⲓϣ pouvoir
26,35.
cf. ϭⲟⲙ

ϣⲁ- jusque
32,38; 40,27.

cf. ⲉⲛⲉϩ

ϣⲉ m. bois (croix)
33,18.

ϣⲉ cent
25,25.

ϣⲙⲛⲧϣⲉⲥⲉ trois-cent-
soixante
[30,36].

ⲙⲁϩϣⲙⲛⲧϣⲉⲥⲉ trois-cent-
soixantième
[23,26].

(ϣⲓⲃⲉ) ϣϥⲉⲓⲉ changer
39,38.

ⲁⲧϣϥⲉⲓⲉ sans changement
39,39.

ϣⲙⲙⲟ étranger
22,36.

(ϣⲟⲙⲛⲧ) ϣ(ⲉ)ⲙⲛⲧ- trois cf. ϣⲉ

ϣⲓⲛⲉ ⲛⲥⲁ- rechercher
[28,30 s].

ϣⲱⲡ, ϣⲁⲡ⸗ [1] endurer, recevoir,
subir
33,35[1]; 34,28.

ⲁⲧϣⲁⲡ⸗ insaisissable
[30,26.28]; 32,39; 34,36.

cf. ϩⲙⲟⲧ, ϩⲓⲥⲉ

ϣⲱⲡⲉ, ϣⲟⲟⲡ[1] devenir, être
22,18[1].[23[1]].[24[1]].33[1].37[1]; 24,
21[1]; 25,24[1]; 28,29[1]; 29,20; 30,
[19].[21].33.37; 31,36[1]; 33,29.
38[1]; 34,15.[26[1]]; 35,29[1]; 36,13[1].
14[1].15[1].27[1]; 37,[20].35[1]; [38,
27]; 39,33.38[1]; 40,25[1]; [42,37];
44,26[1].

ϣⲱⲡⲉ ⲛ- (datif) être à
22,16[1].[17[1]]; 24,29[1].

ϣⲱⲡⲉ ⲙⲙⲁ⸗ advenir à
34,33.

ϣⲱⲡⲉ ϩⲛ- être dans
22,20[1]; 23,22[1].26[1]; 25,[19][1]; [30,
28]; 34,28 s[1]; 36,27[1].30.

ϣⲱⲡⲉ ⲛϩⲣⲏⲓ ϩⲛ- être dans
22,27[1]; 36,36 s[1].

ⲁⲧϣⲱⲡⲉ permanent
[22,29].

cf. ⲙⲁ

ϣⲏⲣⲉ m. fils
22,31; 23,36; 33,30.37; 37,11;
38,23; [39,11]; 40,[8].12.[21].22;
43,22.[26].[36]; 44,20.

ⲙⲛⲧϣⲏⲣⲉ état de fils
[42,20].

ϣⲉⲉⲣⲉ f. fille
38,35.

(ϣⲱⲣⲡ) ϣⲣⲡ-, ϣⲣⲡ ⲛ-[1] (devant
un verbe) auparavant, en premier, avant
23,27; 25,21[1]; 32,37[1].

ϣⲁⲣⲡ, ϣⲁⲁⲣⲡ[1] adj. premier
[26,20]; 40,38[1]; 41,[10[1]].21; [42,
39[1]].

ϣⲣⲡ ⲛ- adj. pro-, pré-, primordial, premier
24,27; 35,29.

ϣⲁⲣⲡ d'abord
35,37.

ϫⲓⲛⲛ ϣⲁⲣⲡ depuis le début
[36,13]; 37,36.

(ϣⲱⲱⲧ) ϣⲁⲁⲧ⸗ ⲁⲃⲁⲗ ϩⲛ- se
priver de
34,38.

ϣⲱϣ m. égalité
41,18.

ϣϣⲉ ⲉ- (+ verbe) il convient de
40,11 s.

ϣⲱϥⲧ m. erreur, faute
33,19.

(ϣⲁϫⲉ) ϣⲉϫⲉ parler, dire
[22,15]; [34,24].

ϣⲉϫⲉ ⲁ- dire au sujet de
[43,18].

ϣⲉϫⲉ ⲙⲛ- parler avec

[23,22].

ϣⲉⲭⲉ m. parole
[44,14].

ⲁⲧϣⲉⲭⲉ ineffable
[22,19]; 24,39; [25,30]; 29,31;
[35,23].

(ϥⲧⲟⲟⲩ) f. ϥⲧⲟⲉ quatre
26,32.

ⲙⲁϩϥⲧⲟⲉ quatrième (Tétra-
de?)
23,[23].25 s.30.

ϩⲁ cf. ϩⲏ

(ϩⲉ) ⲛⲑⲉ + relatif: tout comme
26,24; 27,33; [31,17]; 42,28.

ⲕⲁⲧⲁ ⲑⲉ comme
23,24; 32,37.

(ϩⲏ) ⲁⲧⲉϩⲏ devant, avant
23,38.

ϩⲁⲧⲉϩⲏ + possessif: devant,
avant
22,24.37; 23,20; [26,24].

ϩⲓ et
43,35.

ϩⲓⲏ f. chemin
[42,22].

ⲭⲓ ϩⲓⲏ ϩⲏⲧ⸗ guider
[44,34].

ϩⲓⲏ ⲛⲉⲓ ⲁⲡⲓⲧⲛ f. descente
[23,34 s].

ϩⲟ m. visage
31,32(?); 32,26(?).

ⲛⲁϩⲣⲛ-, ⲛⲁϩⲣⲉ⸗[1] en présence
de, contre
31,32[1]; 38,33.

(ϩⲱⲱ⸗) ϩⲱ⸗ donc, même
34,16.

(ϩⲱⲃ) ⲣ ϩⲱϥ œuvrer
35,16.

(ϩⲃⲟⲩⲣ) ϭⲃⲟⲩⲣ gauche
38,30.

ϩⲁⲉⲓⲃⲉⲥ f. ombre

35,29; [36,12.19]; [39,17].

(ϩⲁⲗ) ⲙⲛⲧϩⲙϩⲁⲗ esclavage
[42,19].

ϩⲗⲟϭ m. douceur
[42,13].

(ϩⲙⲟⲙ) ϩⲙⲁⲙ être chaud
[42,24].

(ϩⲙⲟⲧ) ϣⲱⲡ ϩⲙⲁⲧ ⲛ- rendre
grâces à
[43,20].

ϩⲛ-, ⲛϩⲏⲧ⸗[1] dans
22,21.[25].25.34; 23,[25].28.30;
24,[20].21.37; 25,20.[20]; [27,21];
33,38; [34,10.11]; 38,[19].19; 39,
33.34 bis.35; 40,21.22.[22].[23];
42,33[1].33.[39]; [43,36]; 44,33.
cf. ⲡⲉ, ⲱⲣⲭ, ϣⲱⲡⲉ, ϭⲱ,
τέλειος

ⲁⲃⲁⲗ ϩⲛ-, ⲁⲃⲁⲗ ⲛϩⲏⲧ⸗[1] à
partir de
22,32.37; 27,19; 30,16.[18].22.
30.34; 33,36[1]; 35,26.32.38; [41,
30]; 42,[10].[13].[15].[16].[18].19.
[21].22.[23].
cf. ⲃⲱⲕ, ⲉⲓ, ⲉⲓⲛⲉ, ϣⲱⲱⲧ, ⲭⲓ

ⲛϩⲣⲏⲓ̈ ⲛϩⲏⲧ⸗ dans
[22,27]; 24,28.38; [26,17]; 33,33;
36,37; 40,36; [41,18].
cf. ϣⲱⲡⲉ

(ϩⲟⲩⲛ) ⲁϩⲟⲩⲛ ⲁ- vers, envers
[33,22]; 35,36; 37,30.31; 41,[25].
[26].31.[37]; 42, [10].[12].14.[16].
17.[18].[20].[21].[23].[24].25.27.
[29].[32].

ⲁϩⲟⲩⲛ ⲛ- pour, envers, dans
25,37; [42,31].
cf. ⲃⲱⲕ, ⲉⲓ, ⲉⲓⲛⲉ, ⲛⲓϥⲉ

(ϩⲛⲉ-) ⲣ ϩⲛⲉ⸗ vouloir
33,32.

(ϩⲱⲡ) ϩⲁⲡ⸗ ⲁ- se cacher de
33,13.

ϩⲣⲁⲓ, ⲛϩⲣⲁⲓ cf. ϩⲛ-
ϩⲓⲥⲉ m. douleur
  33,24.
  ϣⲱⲡ, ϣⲡ-[1] ϩⲓⲥⲉ souffrir
  31,30; 34,34[1]; 36,34[1].
(ϩⲏⲧ) ⲣ ϩⲧⲏ= regretter
  38,38.
ϩⲱⲧⲣ m. unité, union
  [34,10]; 39,34.
(ϩⲟⲟⲩ) ϩⲁⲩ mauvais
  35,36.
ϩⲟⲩⲟ m. la plus grande part
  39,36.
  ϩⲟⲩⲟ, ⲛϩⲟⲩⲟ[1] grand, beaucoup, plus
  27,27; 28,[29].31[1].
(ϩⲟⲟⲩⲧ) ϩⲁⲩⲧ m. mâle
  39,25.
ϩⲟϥ serpent
  40,15 s.
ϩⲁϩ beaucoup, plusieurs
  27,33.
ϫⲉ- à savoir, parce que, que
  22,32; 24,33; 26,25; 27,30.35;
  28,24.35; [33,38]; 34,32; 38,[13].
  [25].39; 39,37; [43,23].
  ⲁⲃⲁⲗ ϫⲉ- puisque
  26,38.
ϫⲓ recevoir, prendre
  22,35; 24,31; 39,[28].29.32.36.
  ϫⲉ ⲁⲃⲁⲗ ϩⲛ- emporter hors de
  41,30.
  cf. ϩⲓⲏ
(ϫⲱ) ϫⲟⲩ, ϫⲟⲟ=[1] dire
  [27,34[1]]; 28,[24[1]].34; 32,37 s[1];
  41,13[1].
  ϫⲟⲩ ⲉ(ⲁ)- dire à propos de
  24,30; 27,34.
(ϫⲱ=) ϩⲓϫⲛ- sur
  37,28; 38,31.

(ϫⲱⲕ) ϫⲏⲕ† parfait
  [39,20].
  ϫⲏⲕ† ⲁⲃⲁⲗ parfait
  [31,16]; 43,34.
  ⲁⲧϫⲏⲕ† ⲁⲃⲁⲗ imparfait
  35,13.
(ϫⲉⲕⲁⲁⲥ) ϫⲉⲕⲁⲥⲉ afin que
  [27,38]; 40,14.36.
ϫⲓⲛ-, ϫⲛ- cf. ⲛⲁⲩ, ⲟⲩⲛⲟⲩ,
  ϣⲱⲣⲡ
ϫⲡⲟ, ϫⲡⲁ=[1] engendrer
  29,36.38[1]; [38,22[1]].
  ϫⲡⲟ ⲛ- (datif) acquérir
  [38,22].
  ⲁⲧϫⲡⲁ= inengendré
  22,30; 29,[29].37.
  ⲣⲉⲥϫⲡⲉ- génératrice
  [26,33 s]; 27,32. Cf. οὐσία
(ϫⲟⲉⲓⲥ) ϫⲁⲉⲓⲥ m. seigneur
  [30,38]; 40,33; 44,31.
(ϫⲓⲥⲉ) ϫⲁⲥⲓ† ⲉ- être supérieur à
  26,22.
ϭⲉ donc, car
  22,17.30; [23,19]; [28,19]; 29,35;
  [30,20]; 32,35; 34,34; 35,30.38;
  36,32.35; 37,32; 39,17; 42,38.
ϭⲱ demeurer, persister
  34,35.
  ϭⲱ ϩⲛ- demeurer dans
  [26,30].
  ϭⲱ m. persévérance, persistance
  22,29; 27,23.
  ϩⲛ ⲟⲩϭⲱ avec persévérance
  [28,31]
ϭⲱⲱⲗⲉ envelopper
  [38,20].
(ϭⲗⲟⲙⲗⲁⲙ) ϭⲗⲁⲗⲁⲙ confusion
  42,21.
ϭⲱⲗⲡ dévoiler, révéler

35,11.

(ϭⲟⲙ) ϭⲁⲙ f. pouvoir, puissance
26,32; 27,35; 33,34; 40,17.

ϣϭⲛϭⲁⲙ pouvoir
40,14.

ϭⲓⲛⲉ, ϭⲛ- cf. ϭⲟⲙ

(ϭⲱⲛⲧ) ϭⲱⲱⲛⲧ ⲛ- s'irriter
contre

[38,23].

ϭⲱϣⲧ ⲁ- regarder vers
[29,22 s].

ϭⲱϣⲧ ⲁϩⲟⲩⲛ ⲁ- regarder
vers
[29,24]; [30,27].

INDEX GREC

ἀγάπη f. amour
27,20; [43,27].

(ἀγαπότασθαι) ΑΓΑΠΟΤΑCΤΑΙ
aimer
[27,29].

ἄγγελος ange
36,24.27; [37,17]; 38,29.34; 39,
12.[14].[19].[25].31; [40,23].
ΜΝΤΑΓΓΕΛΟC f. état angélique
42,16.

(ἅγιον) ϨΑΓΙΟΝ m. sanctuaire
[26,19].

αἰτεῖν demander
34,24.
ΑΙΤΕΙ Ⲁ- demander de (+ verbe)
[26,21].

αἰών m. éon
25,38; 27,38; [30,25]; 34,20;
[35,20.22]; 39,36; 40,[26].27.28;
41,31.33.38; [42,19].

ἀλλά mais
[33,25]; [41,28].

(ἀμήν) ϨΑΜΗΝ amen
40,28; 43,38; 44,36.

ἄμορφος informe
35,13.

ἀνάγκαιον nécessaire
40,35.
ΑΝΑΓΚΑΙΟΝ ΑΤΡΕ- il est nécessaire de
28,30.

ἀνατολή f. Orient
25,39

(ἀόρατος) ΑϨΟΡΑΤΟC invisible
[26,29]; [43,24].

(ἀόριστος) ΑϨΟΡΙCΤΟΝ illimité,
indéfini
[43,15].

ἀποκατάστασις f. restauration
[34,11]; 39,35.

ἀποστασία f. apostasie
38,28.

ἀρχάγγελος archange
[37,18].

ἀρχαῖος ancien
28,35.

(ἄρχεσθαι) Ⲣ ΑΡΧΕCΘΑΙ com-
mencer
37,32.

ἀρχιερεύς m. Grand-Prêtre
25,33.

βάπτισμα m. baptême
40,38; 41,11.[21]; 42,39.

βέβαιον sûr
40,34 s.

(βίβλος) ΒΙΒΛΟΝ f. livre
[29,23].

βίος m. vie
29,21.

βυθός m. abîme
[27,38]; [28,20.21].

γάρ, ΝΓΑΡ [1]car, en effet
22,34.35[1].37[1]; 23,38[1]; 24,22[1].
34[1]; 27,34[1]; 28,[22;.34[1]; 32,21[1];
35,[10].26[1]; 36,24.28[1].36[1]; 38,
20[1].26; 39, 36[1].37[1]; 41,20[1].32.
cf. καί

γνῶσις f. connaissance
29,23; 40,31; [43,30].

(γραφή) pl. ΓΡΑΦΑΥΕΙΕ Écritures
28,32.

(καταπατεῖν) ката п атеι écraser
40,15.

καταπέτασμα m. voile
[25,32].

κεφάλαιον m. sommaire
40,30; [41,19].

(κίνησις) біннсіс f. mouvement
33,15.

κοινωνία f. communauté
[40,26]; [42,34].

κοινωνός m. partenaire
[30,22.23].

κόσμος m. monde
37,12.[15]; [38,39]; 41,[29].[30].
[35].37; 42,[10].12.18.

(κράτος) кратеιά f. puissance
38,15.

κτίσις f. créature
35,14.31.

(κωλύειν) p к ωλγε retenir
33,25.[26].

λητουργός m. ministre
[37,19].

λόγος m. Logos, parole
29,[27].30 bis; 30,[17].31; [32,34.
36].

μέγεθος m. grandeur
[31,27].

μέν, ммеn[1] d'une part, certes,
vraiment
23,31[1]; 25,37[1]; 26,35[1]; [29,
31[1]]; 30,30[1]; [34,16[1]]; 35,11[1].
24[1]; 37,25[1].34; 38,13[1]; [41,
21[1]]; 42,31[1].

(μετανοεῖν) p метаnоеι se
repentir
[34,23].

μονάς, мωnаc[1] f. monade
22,20.23; 23,20; [25.19[1]].

μονογενής m. Monogène

24,33.37; [25,21]; [28,26]; 37,24;
39,24; 40,34.

μόνος seul
[30,21.24].

μορφή f. forme
28,22; 33,21; 35,[18].28; 37,31;
42,30.

рес† морфн f. formatrice
26,33; [27,32].

μυστήριον m. mystère
[22,15].

(νοεῖν) p nоеι connaître
26,35.

νόημα m. idée
28,33.

νοῦς m. Noûs, intellect
22,31.35; 23,37; 24,20; [30,27].

(οἰκονομία) оιкоnoмеιа f. économie
36,15.

(ὅρος) 2oрoc m. limite
25,22; 25,30; [27,34]; 31,[22].23;
33,26.

(ὅταν) 2oтаn quand
[39,27]; [44,31].

οὖν après tout, donc, de fait, en
effet
22,22; 24,28; 35,12; [36,10.15].

(οὐσία) ресхпе оүсιа f. génératrice de substance
[26,34]; 27,32.

οὔτε ni
36,9.

πάθος m. passion
35,32.35.38.

πηγή f. source
[23,21]; [24,18].

(πιστεύειν) [p] пιстеγε croire
36,16.

πλήρωμα m. Plérôme

χάρις f. grâce
43,35.

χορηγία f. abondance
22,4; 25,39.

(χρᾶσθαι) ⲣ ⲭⲣⲱ ⲙⲙⲁ= mettre à
la disposition, se servir de
37,37.

χρηστός m. l'Excellent
26,22; [28,24]; [33,16]; 39,30;
40,13.33; 41,17; [42,32]; 43,[22].
32.[37].

ⲙⲛⲧⲭⲣⲏⲥⲧⲟⲥ f. excellence,
bonté

23,34; [31,28].

χρόνος m. temps
26,36.

ψυχή f. âme
42,36.

(ὡς) ϩⲱⲥ de sorte que, comme si
35,21; 37,14.

ϩⲱⲥ ⲁⲧⲣⲉ- pour faire que, de
sorte que
30,32.36.

(ὥστε) ϩⲱⲥⲧⲉ de sorte que
38,36.

INDEX DES NOMS PROPRES

TABLE DES MATIÈRES

ORIENTALISTE, P.B. 41, B-3000 Leuven